Mordsspaß mit Krimis zum Mitspielen

Cornelia H. Müller

Mordsspaß

mit Krimis zum Mitspielen

Weitere Urania-Ratgeber:

Eckart Bücken/Hajo Bücken
Spiele für runde Geburtstage
ISBN 3-332-01477-3
ISBN 978-3-332-01477-8

Antje Dohrn
Lustige Solo-Sketche für jede Feier
ISBN 3-332-01540-0
ISBN 978-3-332-01540-9

Ingeborg Düffert
Spiel und Spaß für Hochzeitsfeiern
ISBN 3-332-01287-8
ISBN 978-3-332-01287-3

Marlies Götter
Geburtstags-Überraschungen
ISBN 3-332-01386-6
ISBN 978-3-332-01386-3

Dieter Kaspers
Lustige Sketche rund um die Ehe
ISBN 3-332-01710-1
ISBN 978-3-332-01710-6

Thomas Wieke
Fröhliche Verse für Familienfeste
ISBN 3-332-01714-4
ISBN 978-3-332-01714-4

Die Autorin:

Cornelia H. Müller ist gelernte Bürokauffrau und passionierter Krimifan. In ihrer Freizeit trifft sie sich regelmäßig mit Freunden zum Krimiabend. Sie lebt mit ihrer Familie in Solingen.

Danksagung der Autorin:

Ich bedanke mich sehr herzlich bei meinen Testspielern Engelbert, Florian, Jasmin, Tobias, Gabi, Juliane, Mutsch, Ruth, Lore, Irmi, Michaela, Claudia, Thomas, Andrea und Axel. Wir hatten wirklich viel Spaß.

Bibliografische Information der Deutschen Bibliothek
Die Deutsche Bibliothek verzeichnet diese Publikation in der Deutschen Nationalbibliografie; detaillierte bibliografische Daten sind im Internet über http://dnb.ddb.de abrufbar.

Urania Verlag
in der
Verlagsgruppe Dornier GmbH
Postfach 80 06 69, 70506 Stuttgart

www.urania-verlag.de
www.verlagsgruppe-dornier.de
www.mitspielkrimi.de

Umschlaggestaltung und Titellogo:
Behrend & Buchholz, Hamburg
Umschlagbild: mauritius images/Superstock
Redaktion, Illustrationen zu den Krimis und Satz:
Roland Poferl Print Design, Köln
Druck: Westermann Druck Zwickau
Printed in Germany

ISBN 3-332-01893-0
ISBN 978-3-332-01893-6

Inhalt

Einführung

Elf Krimis für Hobby-Detektive

Einführung

Hier erfahren Sie, was Mitspielkrimis sind und wie sie gespielt werden, was man alles dazu braucht und wie man einen Spielabend vorbereitet und moderiert – damit alles klappt und alle ihren Spaß haben.

Mitspielkrimis als Gesellschaftsspiel

Mithilfe dieses Buches können Sie zu Hause gemeinsam mit Familienmitgliedern und Gästen auf Tätersuche gehen. Sie ermitteln und befragen, Sie bewerten Tatsachen und Aussagen, und Sie finden schließlich heraus, wer der Täter oder die Täterin ist.

Sie brauchen keine schauspielerischen Fähigkeiten.

Dabei werden von niemandem schauspielerische Fähigkeiten verlangt. Sie sitzen mit ihren Mitspielern in gemütlicher Runde beisammen und versuchen, gemeinsam dem Täter auf die Spur zu kommen.

Dieses Buch enthält elf unterhaltsame Mitspielkrimis. Zu jedem gibt es eine Liste der beteiligten Personen und eine kurze Geschichte des Verbrechens, die in der Runde vorgelesen wird und alle informiert, was passiert ist. Mit einem vorbereiteten Text für Ihre Einladung, können Sie Ihre Gäste zum Mitspielkrimi-Abend bitten. Dann gibt es noch Rollenbeschreibungen für alle Mitspieler und Hinweise und Tipps zum Ablauf.

Die einzelnen Geschichten „spielen" in verschiedenen Umfeldern und sind so angelegt, dass in einem Raum ermittelt wird. Ob Sie im Wohnzimmer oder im Freien während eines Grillfestes versuchen, mit Gästen den Fall zu lösen, spielt keine Rolle.

So funktioniert ein Mitspielkrimi

Das sollten Sie vorher tun

Ihre Gästeliste steht und Sie haben sich für eine Geschichte entschieden. Lesen Sie diese und die dazu gehörenden Rollen bitte gründlich durch. Überlegen Sie, welcher Mitspieler welche Rolle übernehmen soll. Es ist kein Problem, wenn einmal eine Dame eine Herrenrolle übernimmt oder umgekehrt. Bedenken Sie aber genau, wem Sie die Rolle des Ermittlers übertragen wollen. Auch wenn alle Gäste gemeinsam versuchen werden, den Fall zu lösen, soll er die Untersuchung leiten. Eine stille

oder eher zurückhaltende Persönlichkeit ist dafür sicher weniger geeignet. Sie als Gastgeber scheiden als Ermittler aus, da Sie den Täter kennen.
Haben Sie einen Internet-Anschluss? Dann können Sie unter www.mitspielkrimi.de die Einladungen und die Texte der einzelnen Rollen für Ihre Gäste herunterladen und ausdrucken. Und Sie können die Einladung individualisieren und gleich online verschicken. Sollten Sie diese Möglichkeit nicht haben, kopieren Sie die Rollentexte aus dem Buch. Da jeder Mitspieler nur den Text seiner eigenen Rolle erhalten darf, werden Sie manche Kopien auseinanderschneiden müssen!

Bei dieser Web-Adresse können Sie die Einladungs- und Rollentexte herunterladen.

Versenden oder verteilen Sie nun die Einladungen. Die Rollen werden erst am Spielabend an die Mitspieler vergeben, verraten Sie also bitte nicht schon mit der Einladung, wer welche Rolle spielen soll. Notieren Sie für sich auf den Rollentexten den Namen desjenigen, dem Sie die Rolle zugedacht haben. Das erleichtert die Übergabe am Krimiabend und schließt Verwechslungen aus. Bereiten Sie bitte Namensschilder mit den Rollennamen vor, die Ihre Gäste am Spielabend vor sich stellen oder sich anheften. Auch diese erhalten Sie unter der angegebenen Web-Adresse.

Der Ablauf des Abends

Ihre Gäste werden sicher schon gespannt sein, was sie heute Abend erwartet. Damit Ihr Krimiabend ein Erfolg wird, noch ein paar Tipps: Schaffen Sie eine gemütliche Atmosphäre und vermeiden Sie zu helles Licht. Stellen Sie Kerzen oder kleine Lichter auf, das schafft den richtigen Rahmen. Legen Sie bitte für jeden Gast Papier und Stift bereit. Notizen zur Geschichte und zu den einzelnen Aussagen der Mitspieler sind wichtige Stützen bei der Ermittlungsarbeit.

Schaffen Sie eine gemütliche Atmosphäre.

Haben Sie ein Abendessen für Ihre Gäste vorgesehen? In diesem Fall ist es besser, dieses zunächst in Ruhe zu genießen. Sicher können Sie aber bereits während des Essens erklären, wie der Abend ablaufen wird. Sagen Sie Ihren Gästen in kurzen

Worten, dass Sie eine Geschichte vorlesen werden, in der ein Verbrechen geschieht, das Sie heute Abend zusammen aufklären wollen. Vor dem Lesen der Geschichte verteilen Sie die Namensschilder mit den Rollennamen. Wenn die Geschichte dann vorgelesen wird, weiß jeder Gast, welche Rolle er spielt, kann beim Zuhören seinen Part erkennen und wird bei den für ihn wichtigen Passagen besonders gut hinhören.

Jeder Gast soll seine Rolle gut kennen.

Nachdem die Geschichte vorgelesen wurde, erhält jeder Gast seinen Rollentext ausgehändigt, den er gründlich und vor allem diskret studiert. Haben alle Gäste ihre Rolle gelesen, beginnt die Vorstellungsrunde. Zu jeder Rolle gibt es einen Vorstellungstext, der im Buch kursiv abgedruckt ist und von dem jeweiligen Rolleninhaber vorgetragen wird.

Danach beginnt die Ermittlungsarbeit, die stets von einem so genannten Ermittler geleitet wird. Natürlich sollen sich aber alle Gäste gemeinsam auf die Suche nach dem Täter machen. Jeder Gast darf Fragen stellen, Beiträge leisten und sich Notizen machen. Eine Tafel und Kreide oder ein großer, an die Wand oder eine Tür gehefteter, Papierbogen ist hilfreich. In die Mitte schreibt der Ermittler zu Beginn den Namen des Opfers und trägt im weiteren Verlauf die Ergebnisse zusammen. Das ersetzt nicht die Notizen, die sich jeder einzelne Gast auf seinem Block macht. Die Tafel ist als gemeinsame Gedächtnisstütze gedacht und soll die Tätersuche interessanter gestalten. Sind die Ermittlungen abgeschlossen, schreibt jeder Gast auf, wen er für den Täter hält, und vor allem, warum er ihn verdächtigt. Dann werden diese Zettel von einem der Mitspieler vorgelesen.

Wer überführt ist, muss gestehen.

Hat einer Ihrer Gäste den Täter und das richtige Motiv erkannt? Dann sollte der Übeltäter jetzt aufgeben, er ist überführt. Vielleicht ist niemand ihm auf die Schliche gekommen oder eine andere, unschuldige Person wird von den meisten Mitspielern verdächtigt, der Täter zu sein? Dann sollten Sie als Gastgeber für Auflösung sorgen und den Täter bitten, ein „Geständnis“ abzulegen. Immer ist es ein unterhaltsamer Abschluss, wenn der Täter am Ende seine Rolle laut vorliest.

Eine Checkliste zum Ablauf

Vorbereitung

- Die Gästeliste anfertigen.
- Eine Geschichte aussuchen.
- Die Rollentexte und die Einladungen aus dem Internet herunterladen und ausdrucken, ersatzweise fotokopieren.
- Die Einladungen versenden.
- Auf den Rollen vermerken, wer welche Rolle spielen soll.
- Namensschilder mit den Rollennamen vorbereiten.
- Soweit vorgesehen, Requisiten besorgen.

Durchführung

- Speisen, Getränke und soweit vorgesehen Requisiten bereitstellen.
- Papier und Bleistift für jeden Gast bereitlegen.
- Entweder Tafel und Kreide oder ein großes Blatt Papier oder Pappe und einen dicken Filzstift bereitstellen.
- Den Gästen erklären, wie der Abend ablaufen wird.
- Namensschilder mit Rollennamen verteilen.
- Die Geschichte des Verbrechens „Das ist passiert“ vorlesen.
- Die Rollentexte verteilen und durchlesen lassen.
- Jeder Mitspieler liest seinen Vorstellungstext vor.
- Die Ermittlung beginnt.
- Ist die Ermittlung abgeschlossen, notiert jeder Gast auf einen Zettel, wen er für den Täter hält und welches Motiv der Täter seiner Meinung nach gehabt hat.
- Die Zettel werden vorgelesen.
- Zum Abschluss liest der Täter seinen Rollentext vor.

Häufig gestellte Fragen zur Durchführung

Frage: Weiß der Mörder, dass er der Täter ist?

Antwort: Ja, das steht in seiner Rolle.

Frage: Dürfen die Gäste schummeln und flunkern?

Antwort: Der Einzige, der Grund zum Schummeln hat, ist in der Regel der Täter. Er muss beim Schummeln aber aufpassen, denn er kann nicht wissen, was die anderen Ermittler in ihren Rollen über ihn erfahren haben. Wer beim Flunkern erwischt wird, macht sich verdächtig.

Frage: Ich habe mehr Gäste als Rollen. Was nun?

Antwort: Ermitteln können beliebig viele Personen. In jeder Geschichte sind so genannte Gastrollen vorgesehen. Es ist aber nicht unbedingt sinnvoll, zu einem 6-Personenstück 10 oder 12 Personen einzuladen.

Frage: Müssen alle Gäste ungefähr gleich alt sein?

Antwort: Nein. Wir haben in unseren Testrunden mit Personen unterschiedlichen Alters in gemischten Gruppen gespielt. Unsere Mitspieler waren von 18 bis 70 Jahre alt, und allen hat es großen Spaß gemacht!

Frage: Muss alles aus dem Vorstellungstext auch vorgetragen werden?

Antwort: Ja, der Text der Vorstellungsrunde ist so angelegt, dass er wichtige Informationen gibt, ohne die die Ermittlungen rasch langweilig werden.

Frage: Kann der Ermittler immer als Täter ausgeschlossen werden?

Antwort: Nein, niemand kann als Täter ausgeschlossen werden, alles ist möglich.

Wenn das Team in Schwung ist …
Wenn Ihre Gäste sich eingespielt haben, macht es Spaß, gleich noch einen zweiten Mord aufzuklären. Bereiten Sie gleich zwei Mitspielkrimis für einen Abend vor.

Elf Krimis für Hobby-Detektive

Machen Sie mit bei der Jagd nach dem Täter! Lösen Sie in einer geselligen Runde von Hobby-Detektiven die klassische Frage: Wer war's?
Oder sind Sie selbst der Täter und führen die Ermittler an der Nase herum?
Wie auch immer, auf jeden Fall viel Spaß beim Krimispielen!

Die Verlobung

Ein Mitspielkrimi für 6–8 Damen

Mitspieler

Camilla von Stetten, Gastgeberin
Eleanore Müller, Camillas Schwester
Rosanna Roser, Pferdetrainerin
Gudrun Schneider, Lehrerin
Susanna Clemens, Kommissarin, Ermittlerin in diesem Spiel
Isadora Dering, Freundin von Camilla
Gastrollen, Freundinnen von Camilla von Stetten

Hinweise und Tipps zum Ablauf

Wie Sie einen Mitspielkrimi planen und durchführen, haben Sie schon im Einleitungskapitel gelesen. Hier zur Erinnerung am Rand noch einmal das Symbol mit der Web-Adresse, bei der Sie Einladung und Rollentexte herunterladen können.

Besonderheit in diesem Mitspielkrimi:
Schneiden Sie das Porträt eines gut aussehenden Mannes aus der Zeitung aus und stellen Sie das Bild, möglichst in einem Rahmen, mitten auf den Tisch. Das ist Gustav, der Verlobte.

Vor dem Lesen der Geschichte werden die Schilder mit den Rollennamen an die Mitspieler verteilt, damit jeder weiß, welche Rolle er spielt, und bei den für ihn wichtigen Passagen besonders aufmerksam ist.
Erst nachdem die Geschichte des Verbrechens vorgelesen wurde, erhalten die Mitspieler ihre Rollentexte. Jeder Mitspieler sollte während des Vorlesens und auch bei den Aussagen der einzelnen Gäste gut zuhören und sich eventuell Notizen machen.

Die Einladung

Hallo ……………………,
wir spielen Krimi, und ich möchte dich herzlich einladen, einen Mord mit aufzuklären. Wenn wir gut sind, können wir den Täter gemeinsam ermitteln und überführen. Die beigefügte Einladung gehört bereits zum Spiel. Freu dich auf einen außergewöhnlichen und unterhaltsamen Abend. Ich hoffe, du bist dabei!
Herzliche Grüße

Und angefügt:

Hallo ……………………,
heute kann ich dir gleich zwei großartige Neuigkeiten berichten! Erstens habe ich ein neues Haus gekauft und möchte es dir unbedingt zeigen. Das Anwesen ist ein Traum und liegt, inmitten von Wiesen und Wäldern, in einer herrlichen Landschaft in Schottland! Die zweite Neuigkeit ist aber noch viel sensationeller! Stell dir vor, ich habe einen wunderbaren Mann kennen gelernt. Es ist schwer zu glauben, dass mir ein solches Glück nach dem Tode meines Emils noch einmal zuteil wird. Ich habe Gustav von Mannhaft, so heißt er, beim einem Pferderennen in Baden-Baden kennen gelernt. Meine Schwester Eleanore hatte ihn im Schlepptau. Nun wollen wir uns verloben. Ich weiß, es geht sehr schnell, aber wir sind nicht mehr die Jüngsten, nicht wahr? In meinem Alter möchte man keine Zeit mehr verlieren.
Ich bitte dich deshalb, am ……… um ……… Uhr zu meiner Verlobungsfeier auf meinen neuen Landsitz zu kommen. Bitte sage zu. Es wird sicher ein wunderbarer Abend!
Übrigens, hast du schon die Rennzeitung gelesen? Mein Pferd „Heavensend“ hat in Baden-Baden den ersten Platz gemacht und mir 150 000 Euro eingebracht. Ich habe mir gedacht, dass ich Gustav im Laufe des Verlobungsabends Heavensend schenken werde. Schließlich hat uns das Pferd zusammengebracht und ich denke, es ist ein angemessenes Geschenk.
Ich freue mich auf dich!
In Freundschaft, deine glückliche Camilla

Das ist passiert

Wir befinden uns in Schottland, genauer gesagt, auf dem neu erworbenen Landsitz von Camilla von Stetten. Camilla, eine schwerreiche Witwe, hat ihre Freundinnen eingeladen, um ihnen das Haus zu präsentieren und um an diesem Abend ihre Verlobung mit Gustav von Mannhaft zu feiern. Sie hat ihren zukünftigen Ehemann beim Pferderennen in Baden-Baden kennen gelernt und möchte ihn in Kürze heiraten.

Die Freundinnen treffen an besagtem Abend pünktlich auf Camillas Landsitz ein. Hier ein Blick auf die Gästeliste: Eleanore, Camillas Schwester. Sie hat Camilla und Gustav miteinander bekannt gemacht. Rosanna, die Pferdetrainerin. Sie trainiert unter anderem Camillas erfolgreiches Pferd Heavensend, das in Baden-Baden einen hohen Betrag gewonnen hat. Gudrun, eine unverheiratete Lehrerin. Seit sie ihren Verlobten vor Jahren im Dschungel verlor, hat die Ärmste keine Liebe mehr gefunden. Isadora, Camillas älteste Freundin. Sie hat schon einiges erlebt. Zum Schluss wäre da noch Susanna, eine Kommissarin aus Berlin. Sie hat mit Camilla die Schulbank gedrückt und freut sich sehr auf ein Wiedersehen.

Nun sind alle Gäste eingetroffen, aber der Bräutigam hat sich verspätet. Camilla ist darüber leicht verärgert. Gustav, so erklärt sie, ist am späten Nachmittag noch einmal ausgeritten. Eigentlich müsste er längst zurück sein. Da die Freundinnen sehr darauf gespannt sind, Gustav zu sehen, zeigt Camilla ein Bild des Bräutigams herum. Sie ist sehr glücklich und stolz, einen so gut aussehenden Mann präsentieren zu können. Nach einer Weile hören die Damen Hufgeklapper auf dem Hof. Ein Blick aus dem Fenster bestätigt Camillas Hoffnung. Gustav ist zurück und führt soeben das Pferd in den Stall. Camilla verlässt kurz den Raum, um ihren Bräutigam zu begrüßen. Danach kehrt sie zurück und erklärt, Gustav sei über die Verspätung untröstlich. Er wolle sich noch kurz im Bad frisch machen und bitte die Damen, schon mit dem Dinner zu beginnen.

Man begibt sich zu Tisch. Camilla plaudert angeregt mit ihren Freundinnen, schließlich hat man sich längere Zeit nicht gesehen und es gibt einiges zu erzählen. Während des Essens gibt es plötzlich einen Kurzschluss. Der elektrische Strom fällt aus und die Damen sitzen im Dunkeln. Camilla hat eine Taschenlampe zur Hand und zündet schnell Kerzen an, die sie an ihre Gäste verteilt. Anschließend geht sie mit der Taschenlampe in den Keller, um die Sicherung auszuwechseln. Als nach gut 20 Minuten der Schaden behoben ist und sie zurück ins Wohnzimmer kommt, sind nicht mehr alle anwesend: Eleanore erscheint kurz nach Camilla. Sie war, wie sie sagt, auf der Toilette. Rosanna kommt nach weiteren fünf Minuten zurück ins Wohnzimmer und erklärt, dass sie im Stall nach den Pferden gesehen habe. Fast zeitgleich taucht auch Isadora wieder auf. Sie erzählt, dass sie sich in dem großen Haus auf dem Weg zur Küche in den dunklen Gängen verlaufen hat. Gudrun hat ängstlich im Zimmer gewartet und Susanna hat die Zeit genutzt, um im Garten eine Zigarette zu rauchen. Man begibt sich erneut zu Tisch, um das Abendessen zu beenden.
Bevor das Dessert aufgetragen wird, geht Camilla hinaus, um nachzusehen, wo ihr Verlobter bleibt. Sie findet ihn in seinem Blut liegend im Badezimmer. Verzweifelt informiert sie die Freundinnen. Susanna, die Kriminalkommissarin, stellt schnell fest, dass dem Mann nicht mehr zu helfen ist. Er wurde brutal mit einem schweren Gegenstand erschlagen. Eine Tatwaffe ist nicht zu entdecken. Camilla ist entsetzt. Da außer ihr und den Freundinnen niemand im Haus ist, muss der Mörder unter den Anwesenden sein! Wer hatte ein Motiv für so ein abscheuliches Verbrechen? Das herauszufinden, ist nun die gemeinsame Aufgabe für diesen Abend.

Die einzelnen Rollen

Camilla von Stetten, Gastgeberin

Camilla von Stettens Vorstellungstext

Ich heiße Camilla von Stetten und bin verwitwet. Von meinem verstorbenen Mann hatte ich sehr viel Geld geerbt und habe einige Jahre lang sehr zurückgezogen gelebt. Nur meine Leidenschaft für Pferde war ungebrochen. Bei einem Pferderennen habe ich dann auch Gustav von Mannhaft kennen gelernt. Meine Schwester Eleanore stellte ihn mir vor. Sie war damals eng mit Gustav befreundet und ich hatte deswegen ein schlechtes Gewissen. Aber was kann man gegen starke Gefühle ausrichten? Ich bin sicher, Eleanore hat uns längst verziehen. Es ist einfach furchtbar, dass Gustav nun tot ist.

Was Camilla von Stetten außerdem weiß

Von den nachfolgenden Fakten kannst du nach eigenem Ermessen Gebrauch machen.
Eins gleich vorweg, liebe Camilla, du bist heute Abend nicht nur die Gastgeberin, sondern auch die Mörderin. Wie es dazu kam? Gustav hat dir schon wenige Wochen nach eurem ersten Treffen einen Antrag gemacht, den du sehr glücklich angenommen hast. Heute Abend sollte Verlobung sein.
Der Abend nahm eine unerwartete Wendung, nachdem du das Foto von Gustav herumgezeigt hattest. Kurz danach wurden dir diskret ungeheuerliche Dinge über Gustav zugetragen! Susanna, die Kommissarin, hat dir berichtet, dass Gustav der Vater ihrer Zwillinge ist und dass er sich seinerzeit noch Gerd Mannsfeld nannte. Er hat sie mit einem Berg Schulden sitzen lassen. Isadora hat dir ebenfalls sehr diskret erzählt, dass Gustav vor Jahren ihr Ehemann Nummer drei war. Da hieß er Willi Schmitz. Zudem soll er Schuld sein an dem schlechten Gesundheitszustand von Isadoras Tochter.
Beiden Frauen hast du noch mit voller Überzeugung erklärt, dass sie sich täuschen und dass Gustav über jeden Verdacht erhaben ist. Gut so!
Aber dann kam auch Gudrun auf dich zu. Sie meinte, dass Gustav der Mann sein müsse, mit dem sie verlobt war und der

vor zehn Jahren im Dschungel spurlos verschwunden ist. Die arme Gudrun hat die ganzen Jahre auf ihn gewartet. Ganz sicher war sie sich allerdings nicht und du hast gelacht, als sie es dir erzählt hat. Aber wer weiß? Nach allem, was du heute schon über Gustav gehört hattest, war nichts mehr auszuschließen, du musstest ihn unbedingt zur Rede stellen.
Der Stromausfall kam dir gerade recht. Nachdem du die Sicherung im Keller ausgewechselt hattest, bist du geradewegs in sein Bad gegangen und hast ihn mit den Vorwürfen konfrontiert. In Anbetracht der Beweislage hat er alles zugegeben und versucht, sein Verhalten zu rechtfertigen. Das hat dich noch wütender gemacht und du hast ihn nicht ausreden lassen, sondern mit der schweren Taschenlampe nach ihm geschlagen und ihn am Kopf getroffen. Dass er gleich tot war, hat dich selbst überrascht. Du hast die blutige Taschenlampe rasch im Keller versteckt und dich wieder unter deine Gäste gemischt.
Kurz darauf hast du deinen Verlobten dann tot aufgefunden. Gut gespielt, du hast Talent! Niemand hat etwas bemerkt! Nun musst du versuchen, möglichst glimpflich aus der Sache herauszukommen. Du bist ja nicht die Einzige mit einem Motiv. Gelegenheit zu dieser Tat hatten alle Anwesenden während des Stromausfalls. Du kannst nur hoffen, dass niemand auf die Lösung des Falls kommt. Die ist eigentlich ganz einfach: Nur eine Person, die sich gut in deinem neuen riesigen Landsitz auskennt, konnte wissen, wo genau sich Gustavs Bad befindet und es so schnell finden. Aber darauf müssen die anderen erst einmal kommen! Viel Glück!

Susanna Clemens, Kommissarin, Ermittlerin in diesem Spiel

Die Gastgeberin hat dich als Ermittlerin ausgesucht, weil sie der Meinung ist, dass du gut kombinieren, unangenehme Fragen stellen und den Dingen auf den Grund gehen kannst. Wenn vorhanden, nutze die Tafel oder das große Papier. Hier kannst du zusammentragen, was in der Vorstellungsrunde oder auch später noch von den Mitspielern gesagt wird.

Susanna Clemens' Vorstellungstext

Ich bin Susanna Clemens, Kommissarin bei der Soko „Delikte am Menschen" in Berlin. Damit habe ich wirklich nicht gerechnet, dass ich heute Abend noch mit einer Leiche konfrontiert werde. Camilla ist eine meiner ältesten und besten Freundinnen, und ich bin entsetzt über das, was hier heute Abend geschehen ist. Über mich gibt es nicht viel zu berichten. Ich bin allein erziehende Mutter von 12-jährigen Zwillingen und habe es nicht immer leicht gehabt. Aber inzwischen führe ich mit meinen Kindern ein ganz zufriedenes Leben. Als Kommissarin werde ich heute Abend die Ermittlungen leiten und bitte alle Anwesenden daran mitzuarbeiten.

Was Susanna Clemens außerdem noch weiß

Von den nachfolgenden Fakten kannst du nach eigenem Ermessen Gebrauch machen.
Der Vater deiner Kinder ist noch vor ihrer Geburt mit deinen gesamten Ersparnissen auf und davon. Außerdem hat er dir Schulden hinterlassen, da du für ihn gebürgt hattest. Du hast nie wieder von ihm gehört und sehr harte Jahre hinter dir.
Als Camilla das Bild ihres Verlobten herumgereicht hat, hast du in Gustav von Mannhaft den Vater deiner Kinder erkannt. Er heißt in Wirklichkeit Gerd Mannsfeld und ist ein Betrüger. Natürlich hast du es Camilla während des Essens ganz diskret gesagt. Sie hat sehr gelassen reagiert und behauptet, es müsse sich um eine Verwechslung handeln.
Nun ist er tot und Camilla scheint wirklich am Boden zerstört zu sein. Als der Strom ausfiel, bist du in den Garten gegangen und hast eine Zigarette geraucht. Leider hast du von dort aus keine wichtigen Beobachtungen machen können. Da du allein draußen warst, hast du allerdings auch kein Alibi.
Frage jede Einzelne, wo genau sie war, als der Strom ausfiel. Versuche, das Motiv für die Tat herauszufinden. Eine alte Polizeiweisheit lautet: Hast du das Motiv, hast du auch den Täter! Wenn die Ermittlungen abgeschlossen sind, wirst du noch einmal konkret zusammenfassen, was ihr ermittelt und herausgefunden habt. Danach schreibt jeder Mitspieler auf, wen er für den Täter hält, und vor allem, warum. Viel Erfolg!

Isadora Dering, Freundin von Camilla

Isadoras Derings Vorstellungstext

Ich heiße Isadora und bin eine alte Freundin von Camilla. Verheiratet war ich schon sieben Mal, und mit fast jeder Scheidung bin ich etwas reicher geworden. Aber alles Geld der Welt kann einem das Glück nicht erkaufen. Ich habe eine Tochter, die seit zwei Jahren in einem Sanatorium lebt, und mache mir Sorgen um sie. Gerade deshalb hatte ich mich so auf einen unterhaltsamen Abend und etwas Ablenkung gefreut. Das Ganze ist eine Tragödie. Ich will gerne bei der Aufklärung helfen. Mir tut nicht nur Camilla, sondern auch die arme Eleanore Leid. Sie war ja vorher mit Gustav befreundet und wird sicher auch ganz erschüttert sein.

Was Isadora Dering außerdem weiß

Von den nachfolgenden Fakten kannst du nach eigenem Ermessen Gebrauch machen.
Als Camilla das Bild ihres Verlobten zeigte, hat dich fast der Schlag getroffen. Du hast zu deinem Entsetzen deinen Ehemann Nummer drei erkannt. Er hieß damals allerdings nicht Gustav von Mannhaft, sondern Willi Schmitz. Er hat kurz nach eurer Hochzeit drei Millionen Dollar von deinem Konto abgehoben und ist getürmt. Vorher hat er deine erst 18-jährige Tochter verführt. Die erlitt nach seiner Flucht einen Zusammenbruch und muss seitdem in einem Sanatorium behandelt werden.
Du hast Camilla im Laufe des Abends diskret über ihren sauberen Verlobten aufgeklärt. Sie hat dir kein Wort geglaubt und behauptet, es müsse sich um eine Verwechslung handeln. Als der Strom ausfiel, hast du dich, mit einer großen Kerze bewaffnet, auf den Weg durchs Haus gemacht. Du wolltest Gustav im Bad finden und ihn mit deinem Anblick konfrontieren. Sicher wäre er vor Schreck tot umgefallen, wenn er dich gesehen hätte! Leider ist der alte Landsitz aber so groß, dass du weder das Bad noch Gustav gefunden hast. Du bist später unverrichteter Dinge wieder zurück ins Wohnzimmer gegangen.
Um eine Erklärung für dein Verschwinden zu haben, hast du vorgegeben, die Küche gesucht zu haben. Du bist aber nicht die Einzige mit einem Motiv. Was ist zum Beispiel mit Eleanore?

Man sieht ihr doch an, wie zerfressen vor Eifersucht sie ist. Die Kommissarin ist auch nicht zwingend unschuldig, nur weil sie die Ermittlungen leitet. Lass dich nicht aus der Ruhe bringen und höre genau hin, was die anderen erzählen.

Gudrun Schneider, Lehrerin

Gudrun Schneiders Vorstellungstext

Ich heiße Gudrun Schneider, bin Lehrerin und allein stehend. Camilla kenne ich schon seit ewigen Zeiten. Wir haben schon zusammen im Sandkasten gespielt. Damals hieß sie allerdings noch nicht Camilla von Stetten, sondern Camilla Müller. Es ist ja schön, dass sie den gesellschaftlichen Aufstieg geschafft hat. Ich gönne es ihr wirklich, und ich habe mich sehr für sie gefreut, als ich hörte, dass sie noch einmal heiraten wollte. Mir selbst ist so ein persönliches Glück ja leider versagt geblieben.

Mein Verlobter ist vor zehn Jahren im Dschungel umgekommen. Wir hatten uns gerade verlobt und wollten uns in Südafrika ein Haus kaufen. Er flog mit unserem ganzen Geld – ich hatte ihm schon meine Mitgift übergeben – nach Afrika. Da ist es geschehen. Er nahm an einer Safari teil und ist dabei verschollen. Man hat ihn nie gefunden und nimmt an, dass er von wilden Tieren gefressen wurde. Die ersten Jahre habe ich ja immer noch gedacht, dass er überlebt hat und zurückkommt, aber inzwischen ...

Was Gudrun Schneider außerdem weiß

Von deinem übrigen Wissen kannst du nach eigenem Ermessen Gebrauch machen.

Dein in Afrika verschollener Verlobter war die große Liebe deines Lebens und obwohl du es inzwischen nicht mehr zugibst, hoffst du insgeheim noch jetzt nach über zehn Jahren, dass er noch lebt und zurückkommt. Deshalb hast du andere, die sich um dich bemüht haben, abgewiesen.

Im Laufe des Abends hat Camilla ein Foto ihres zukünftigen Mannes gezeigt. Du hast geglaubt, deinen verschollenen Verlobten zu erkennen, und hast das Camilla mitgeteilt, aber sie hat nur gelacht und du bist unsicher geworden. Schließlich sind zehn Jahre eine lange Zeit.

Als der Strom ausfiel, bist du am Tisch sitzen geblieben und hast darauf gewartet, dass das Licht wieder angeht. Alle anderen aber haben den Raum verlassen! Eleanore z. B. behauptet, sie sei auf der Toilette gewesen. Und Isadora sagt, dass sie in die Küche gegangen sei. Was um alles in der Welt wollte sie in der Küche? Andererseits: Warum hätte Isadora Gustav töten sollen, sie kannte ihn doch gar nicht. Oder? Du jedenfalls hättest ihn sofort zurückgenommen und ihn niemals getötet.

Rosanna Roser, Pferdetrainerin

Rosanna Rosers Vorstellungstext

Ich heiße Rosanna Roser und trainiere seit sechs Jahren Camillas Pferde, mit denen wir schon einige Preise geholt haben. Es sind zur Zeit insgesamt fünf Tiere hier im Stall. Heavensend ist, seitdem ich mit ihm arbeite, sehr erfolgreich gelaufen und ich kann sagen, dass ich ziemlich stolz darauf bin. Dass Camilla ausgerechnet dieses Pferd heute verschenken wollte, hat mir gar nicht gefallen. Das habe ich ihr auch offen gesagt. Natürlich geht es mich nichts an. Es ist ihr Pferd, aber ich war mit dieser Entscheidung nicht einverstanden.
Als der Strom ausfiel, bin ich natürlich gleich in den Stall gegangen. Es hätte ja auch ein Feuer ausbrechen können. In diesem alten Gemäuer weiß man nie so genau, was als Nächstes passiert. Ich habe noch gesehen, dass Isadora das Wohnzimmer mit einer großen Kerze verließ. Camilla war schon vorher mit der Taschenlampe in den Keller gegangen, um die Sicherung auszuwechseln. Mehr kann ich dazu nicht sagen.

Was Rosanna Roser außerdem weiß

Von deinem übrigen Wissen kannst du nach eigenem Ermessen Gebrauch machen.
Zu deinem großen Entsetzen wollte Camilla von Stetten das Pferd heute Abend an ihren Verlobten verschenken. Diesen Verlobten hast du bereits kennen gelernt und du findest ihn einfach abscheulich. Vor kurzem hast du ihn im Stall mit einem der Stallmädchen beobachtet. Die Situation war eindeutig, aber du hast bisher dazu geschwiegen. Die Abneigung bestand auf Gegenseitigkeit. Gustav hatte dir schon angekündigt, dass er

eine andere Trainerin einstellen wird, sobald er mit Camilla verheiratet ist, und du hast ihm das auch zugetraut.
Außer Eleanore sind alle Frauen heute zum ersten Mal auf dem Landsitz zu Besuch. Eleanore war auch nicht gut auf Gustav zu sprechen. Sie hatte Gustav längst durchschaut. Er wollte nur Camillas Geld. Gudrun macht einen so stillen Eindruck, aber sagt man nicht, stille Wasser sind tief? Sie hat vielleicht mehr zu verbergen, als man ihr ansieht. Und Isadora? Was wollte sie in der Küche? Wer hatte ein Motiv, Gustav zu töten? Das ist heute Abend die Kernfrage, denn Gelegenheit dazu hatten während des Stromausfalls alle Anwesenden.

Eleanore Müller, Camillas Schwester

Eleanore Müllers Vorstellungstext

Ich bin Eleanore Müller, die Schwester von Camilla. Ich war es, die Camilla und Gustav erst miteinander bekannt gemacht hat. Das war in Baden-Baden beim Pferderennen. Gustav hat danach sehr schnell angefangen, sich ernsthaft für Camilla zu interessieren. Ich glaube, dafür hatte er einen sehr guten Grund: Camilla besitzt durch das Erbe ihres ersten Mannes ziemlich viel Geld. Früher hieß sie noch Camilla Müller. Unsere Eltern waren einfache Leute, unser Vater Busfahrer und unsere Mutter Verkäuferin. Durch ihre erste Ehe ist Camilla gesellschaftlich aufgestiegen. Ich habe ihr das immer gegönnt.
Im Nachhinein glaube ich sogar, dass Gustav sich nur für mich interessiert hat, um an Camilla heranzukommen. Er wusste bestimmt, dass ich die Schwester der reichen Camilla von Stetten bin. Wahrscheinlich war er ein Mitgiftjäger oder so was in der Art. Jedenfalls hat er mich dann gleich abserviert. Ich konnte nie begreifen, dass meine Schwester auf so einen Kerl hereingefallen ist. Ich habe sie auch vor ihm gewarnt, aber sie wollte mir ja nicht glauben. Nun ist er tot und ihr ist sicher eine Menge Kummer erspart geblieben.

Was Eleanore Müller außerdem noch weiß

Von deinem übrigen Wissen kannst du nach eigenem Ermessen Gebrauch machen.
Du bist leider nicht sehr wohlhabend und schon lange neidisch auf deine Schwester. Du warst mit Gustav von Mannhaft liiert,

bis du ihn damals in Baden-Baden deiner Schwester Camilla vorgestellt hast. Sofort hat der Mistkerl die Seiten gewechselt. Du bist verbittert und wütend auf die beiden. Du lässt kein gutes Haar an Gustav und kannst es nicht lassen, den ganzen Abend über ihn zu lästern.
Als heute Abend der Strom ausfiel, bist du auf die Toilette gegangen. Du hast dich in den dunklen Gängen fast zu Tode gefürchtet und warst froh, als das Licht wieder anging. Ein fürchterlicher Kasten ist dieser Landsitz.
Als du wieder zurück ins Esszimmer kamst, waren nicht mehr alle Gäste anwesend. Merkwürdig, jede scheint die Gelegenheit genutzt zu haben, kurz den Raum zu verlassen. Du weißt, dass Gustav der Trainerin Rosanna kündigen wollte, sobald er mit Camilla verheiratet war. Das hat er Rosanna auch schon gesagt. Er konnte sie partout nicht leiden. Ob dies ein Mordmotiv ist? Übrigens waren alle Frauen außer dir und Rosanna heute Abend zum ersten Mal auf dem Landsitz zu Gast.

Gastrolle(n), Freundin von Camilla von Stetten

Ich bin auch eine Freundin von Camilla und ich habe mich sehr auf diesen Abend gefreut. Ich werde alles tun, um den Mörder des armen Gustavs zu überführen.

Vorstellungstext des Gastes

Da du dich nicht auf eine eigene Rolle konzentrieren musst, hast du den Kopf frei und kannst besonders gut hinhören und aufpassen!

Plötzlich und erwartet

Ein Mitspielkrimi für 8–10 Personen

Mitspieler

Der Notar und Freund des Verstorbenen, Gastgeber
Die dritte Ehefrau und Witwe des Verstorbenen
Die zweite Ehefrau des Verstorbenen
Die erste Ehefrau des Verstorbenen
Der Sohn des Verstorbenen
Die Schwiegertochter des Verstorbenen
Der Hausarzt des Verstorbenen
Die Kommissarin, Ermittlerin in diesem Spiel
Gastrollen, Vertreter von wohltätigen Organisationen

Hinweise und Tipps zum Ablauf

Wie Sie einen Mitspielkrimi planen und durchführen, haben Sie schon im Einleitungskapitel gelesen. Hier zur Erinnerung am Rand noch einmal das Symbol mit der Web-Adresse, bei der Sie Einladung und Rollentexte herunterladen können.

Besonderheit: Die Vorstellungsrunde muss in der vorgegebenen Reihenfolge durchgeführt werden. Zunächst stellt sich der Notar (1) vor, dann die dritte Ehefrau (2) usw.

Vor dem Lesen der Geschichte werden die Schilder mit den Rollennamen an die Mitspieler verteilt, damit jeder weiß, welche Rolle er spielt, und bei den für ihn wichtigen Passagen besonders aufmerksam ist.
Erst nachdem die Geschichte des Verbrechens vorgelesen wurde, erhalten die Mitspieler ihre Rollentexte. Jeder Mitspieler sollte während des Vorlesens und auch bei den Aussagen der einzelnen Gäste gut zuhören und sich eventuell Notizen machen.

Die Einladung

Hallo ……………………,
plötzlich und unerwartet ist Carl Friedrich von Staffelberg verstorben. Der Ärmste lag am Morgen nach seinem 75. Geburtstag tot im Bett! Bei der Testamentseröffnung platzt plötzlich die Polizei herein und verkündet, der gute Carl Friedrich sei ermordet worden. Also, wenn das nicht wirklich ein Skandal ist. Hast du Lust, diesen Fall mit zu lösen? Es gibt einige Verdächtige, denen wir gründlich auf den Zahn fühlen wollen! Wir inszenieren einen Krimiabend und ich möchte dich herzlich einladen, dabei zu sein. Wir nehmen die Ermittlungen am ……… um ……… Uhr bei …………… auf. Ich freue mich auf einen außergewöhnlichen und unterhaltsamen Abend und ich hoffe, du sagst zu und hilfst uns, den Mörder des armen Carl Friedrichs zu überführen!
Herzliche Grüße

Das ist passiert

Carl Friedrich von Staffelberg, ein Kölner Fabrikant mit erheblichem Vermögen, ist nur einen Tag nach seinem 75. Geburtstag plötzlich und unerwartet verstorben. Er hatte diesen Geburtstag am Vorabend seines plötzlichen Todes mit einer Cocktailparty im Kreise von Freunden und Verwandten gefeiert. Carl Friedrich hatte bis 4.00 Uhr früh ausgelassen mit seiner jungen Frau getanzt. Die Cocktails waren im Laufe des Abends immer ausgefallener geworden und die Stimmung immer besser. Carl Friedrich hatte sich bestens amüsiert. Als seine Frau ihm am nächsten Morgen einen Kaffee in sein Schlafzimmer bringen wollte, lag er leblos im Bett. Der sofort herbeigerufene Hausarzt stellte einen Herzanfall fest. Er konnte dem sonst stets kerngesunden Carl Friedrich nicht mehr helfen. Vermutlich hatte er sich bei der Geburtstagsfeier einfach übernommen.

Heute, einen Tag vor der Beerdigung, soll das Testament eröffnet werden. Dazu hat der Notar, ein alter Freund und Weggefährte des Verstorbenen, alle in dem Testament bedachten Personen in die Staffelberg'sche Villa eingeladen. Erschienen sind: die erste und die zweite Ehefrau des Verstorbenen sowie selbstverständlich die junge Witwe, Ehefrau Nummer drei. Dazu darf angemerkt werden, dass Carl Friedrich zu seinen beiden Ex-Frauen ein sehr herzliches Verhältnis unterhielt, auch wenn sich die Damen untereinander nicht gerade freundlich gesonnen sind. Des Weiteren sind gekommen: der einzige Sohn von Carl Friedrich, dessen Ehefrau, der Hausarzt des Verstorbenen und Vertreter von wohltätigen Organisationen, die Carl Friedrich mit Spenden bedacht hat.

Gerade als der Notar das Testament eröffnen möchte, meldet die Hausdame einen weiteren Gast: Eine Kommissarin von der Mordkommission ist eingetroffen. Diese Kommissarin teilt den Anwesenden eine ungeheuerliche Neuigkeit mit: Eine vom Staatsanwalt angeordnete Obduktion hat ergeben, dass der Erblasser keineswegs eines natürlichen Herztodes gestorben ist. Eine Überdosis Digitalis hat ihn ins Jenseits befördert. Die tödliche Gabe muss ihm wenige Stunden vor seinem Tod verabreicht worden sein. Dies bedeutet, dass einer der Gäste den Fabrikanten auf dem Geburtstagsfest vergiftet hat. Gelegenheit, Carl Friedrich einen vergifteten Cocktail zu reichen, hatte jeder der Partygäste. Doch wer hatte ein Motiv den lebenslustigen Mann zu beseitigen?

Die Kommissarin lässt sich zunächst das Testament zeigen. Das Hauptvermögen von 2,5 Millionen Euro geht an den einzigen Sohn. Die zwei früheren Ehefrauen erhalten ebenso wie die junge Witwe eine monatliche Rente aus einer Stiftung sowie jede eine einmalige Zahlung von 200 000 Euro. Der Hausarzt erbt einen alten Bücherschrank und die Institutionen erhalten großzügige Spenden.

Die Kommissarin nimmt die Ermittlungen auf und ist dabei auf eure Mithilfe angewiesen.

Die einzelnen Rollen

Der Notar und Freund des Verstorbenen, Gastgeber (1)

Vorstellungstext des Notars

Wie Sie wissen, war ich mit dem Verstorbenen befreundet. Deshalb hat mein alter Freund Carl Friedrich von Staffelberg mich auch des Vertrauens gewürdigt, seinen letzten Willen in meiner Kanzlei zu hinterlegen, und ich habe Sie zu dieser Testamentseröffnung eingeladen. Weil mir aber als engem Freund der plötzliche und unerwartete Tod von Carl Friedrich so überaus rätselhaft war, habe ich mir erlaubt, die Staatsanwaltschaft um eine Obduktion zu bitten. In meiner Eigenschaft als Notar des Verstorbenen habe ich Kenntnis davon, dass Carl Friedrich von Staffelberg die Absicht hegte, in dieser Woche sein Testament zu ändern. Er hatte mir die Änderungen bereits durchgegeben und das geänderte Testament war zur Unterschrift vorbereitet. Die Änderungen gingen dahin, die Familie, also die beiden geschiedenen Gattinnen ebenso wie die verwitwete und den Sohn, vom Haupterbe auszuschließen und das gesamte Kapital in eine Stiftung einzubringen, die sich um drogenabhängige Jugendliche kümmert. Ich denke, dass diese Tatsache für die Ermittlungen in dem nun anstehenden Mordfall unter Umständen wichtig sein kann.

Was der Notar außerdem weiß

Dein übriges Wissen kannst du nach eigenem Ermessen preisgeben. Da du als Gastgeber weißt, wer der Täter ist, darfst du dich an den Ermittlungen aber nur am Rande beteiligen.
Dem Sohn hat Carl Friedrich kürzlich das Haus auf Mallorca überschrieben und noch einmal 200 000 Euro für die Renovierung dazugelegt. Carl Friedrich fand, dass der Sohn damit genug geerbt habe. Auch die Ehefrauen haben zu Lebzeiten bereits so viel Geld erhalten, dass es genug sei. Das neue Testament war zur Unterschrift vorbereitet, aber durch den plötzlichen Tod von Carl Friedrich ist es nicht mehr dazu gekommen. Du bist sicher, dass der Verstorbene seinen Sohn und die Ex-Frauen von dieser Änderung in Kenntnis gesetzt hat. Er hielt nicht viel von Heimlichkeiten. Nun kannst du nur noch abwarten, ob deine Gäste dem Täter auf die Schliche kommen!

Vorstellungstext der dritten Ehefrau

Die dritte Ehefrau und Witwe des Verstorbenen (2)

Ich bin seit zwei Jahren mit Carl Friedrich glücklich verheiratet, 30 Jahre alt und von Beruf Fremdsprachenkorrespondentin. Wir haben uns in Monte Carlo kennen gelernt. Ich war dort als Hostess für einen Rennstall tätig. Obwohl es sich um eine sehr ehrbare und anspruchsvolle Tätigkeit handelte, nennen mich die beiden Ex-Frauen von Carl Friedrich boshaft „das Boxenluder". Mein Mann konnte darüber lachen, aber mich hat es natürlich sehr geärgert. Ich spreche vier Sprachen und habe in Paris bei einer Agentur gearbeitet, bevor ich den Job in Monte Carlo bekam. Ich habe den armen Carl Friedrich am Morgen nach seinem Geburtstag tot aufgefunden und sofort den Hausarzt angerufen. Zu meinem Entsetzen konnte er meinem Mann nicht mehr helfen. Wir hatten getrennte Schlafzimmer, und zwar auf ausdrücklichen Wunsch von Carl Friedrich. Daher kann ich leider nicht sagen, ob es Carl Friedrich bereits in der Nacht schlecht ging. Gerufen hat er mich jedenfalls nicht, das hätte ich sicher gehört, da mein Zimmer gleich neben seinem liegt.

Was die dritte Ehefrau außerdem noch weiß

Von den nachfolgenden Fakten kannst du nach eigenem Ermessen Gebrauch machen.

Wie bereits erwähnt, war Carl Friedrich ein sehr guter Ehemann. Trotzdem, du bist eine junge Frau und Carl Friedrich war 75. Da blieb doch einiges auf der Strecke. Du hast daher vor gut einem Jahr ein Verhältnis mit dem Hausarzt von Carl Friedrich begonnen. Bis heute habt ihr es geschafft, eure Beziehung geheim zu halten. Vor 14 Tagen warst du mit dem Doktor für ein Wochenende in Paris. Deinem Mann hast du erzählt, du würdest deine Mutter in Wanne-Eickel besuchen. Der Doktor hat dir in Paris einen Heiratsantrag gemacht, den du natürlich nicht annehmen konntest. Eine Scheidung kam für dich nicht in Frage und das hast du ihm auch klar und deutlich gesagt.

Nach deiner Rückkehr hat dir Carl Friedrich erzählt, dass es ihm an diesem Wochenende gar nicht gut gegangen sei. Er hatte versucht, den Hausarzt anzurufen. Da dieser mit dir in

Paris war, konnte Carl Friedrich ihn natürlich nicht erreichen. Du glaubst aber nicht, dass dein Mann Verdacht geschöpft hat. Am Geburtstagsabend ist dir nichts Besonderes aufgefallen, außer, dass die Cocktails immer ausgefallener wurden und alle viel zu viel getrunken haben. Dein Mann selbst war an diesem Abend so gut in Stimmung, dass er noch stundenlang mit dir getanzt hat.
Pass gut auf, was die anderen aussagen. Vielleicht fällt dir ja etwas Wichtiges auf und du kannst dazu beitragen, dass der Mörder gefasst wird.

Die zweite Ehefrau des Verstorbenen (3)

Vorstellungstext der zweiten Ehefrau

Ich war 15 Jahre mit Carl Friedrich verheiratet und bin die Mutter seines einzigen Kindes. Daher muss ich gleich zu Beginn feststellen, dass ich die einzige Ehefrau bin, die überhaupt zählt und für Carl Friedrich wichtig war. Das wird auch daraus erkennbar, dass er bis jetzt in großzügiger Weise für meinen Lebensunterhalt gesorgt hat. Ich habe immer gewusst, dass Carl Friedrich eines Tages zu mir zurückgekehrt wäre, denn er war ein wunderbarer Mann.
Es liegt doch auf der Hand, dass seine dritte Frau nicht abwarten konnte, bis Carl Friedrich eines natürlichen Todes stirbt. Er war kerngesund und vermutlich wollte diese Person ihn beerben, bevor er es sich anders überlegt und sie davonjagt.

Was die zweite Ehefrau außerdem noch weiß

Von deinem übrigen Wissen kannst du nach eigenem Ermessen Gebrauch machen.
Carl Friedrich wollte am Montag sein Testament ändern und euch alle daraus streichen. Dies hat er dir am Geburtstagsabend einfach so mitgeteilt. Dich hat fast der Schlag getroffen. Er war der Meinung, er habe nun genug Geld für die Familie ausgegeben. Er wollte alles an eine Stiftung vererben, die sich um drogenabhängige Jugendliche kümmert. Gut, dass es nicht soweit gekommen ist.
Die dritte Ehefrau, eine in deinen Augen billige Person, hat er in Monte Carlo beim Formel-I-Rennen kennen gelernt. Sie war

dort für einen Rennstall tätig und du nennst sie nur „das Boxenluder“. Nun wird sie wohl eine ganze Menge Geld erben. Gott sei Dank hat Carl Friedrich das Haus auf Mallorca schon vor Monaten eurem Sohn überschrieben. Schließlich ist der Junge dort geboren. Carl Friedrich war immer sehr großzügig zu dir. Auch bei seinem Geburtstagsfest hat er dich wieder mit einer ordentlichen Summe Geld bedacht.
Vor 14 Tagen hat Carl Friedrich dir am Telefon erzählt, dass das Boxenluder zu ihrer Mutter nach Wanne-Eickel gefahren ist. Du hast sofort Nachforschungen angestellt. Herausgefunden hast du nicht viel, aber dass sie nicht in Wanne-Eickel bei ihrer Mutter war, das weißt du sicher.
Pass gut auf, was die einzelnen Personen heute aussagen. Vielleicht kannst du ja dazu beitragen, dass der Mörder von Carl Friedrich gefasst wird.

Die erste Ehefrau des Verstorbenen (4)

Vorstellungstext der ersten Ehefrau

Ich war die erste Ehefrau von Carl Friedrich. Dies ist zwar schon lange her, aber ich weiß genau, dass ich seine einzige große Liebe war. Es war wie bei Soraya und dem Schah! Da ich ihm kein Kind geschenkt habe, musste er eine andere Frau heiraten. Meine damalige Schwiegermutter, Gott hab sie selig, hat damals darauf bestanden, dass der Name von Staffelberg durch einen männlichen Erben weiter Bestand hat. Ich bin ganz sicher, dass er nur mich geliebt hat. Schließlich hat er auch bis zuletzt großzügig für mich gesorgt.
Ich bin ausgebildete Drogistin. Dieser Beruf ist ja inzwischen schon ausgestorben, aber ich habe ihn noch von der Pike auf gelernt und bin stolz darauf. Ich lege Wert auf diese Feststellung, denn ich bin immer noch berufstätig und wohl die einzige seiner Ehefrauen, die nicht auf sein Geld angewiesen ist. Ich kann mich selbst ernähren!

Was die erste Ehefrau außerdem noch weiß

Von deinem übrigen Wissen kannst du nach eigenem Ermessen Gebrauch machen.
Carl Friedrich wollte am Montag sein Testament ändern und euch alle daraus streichen. Er war der Meinung, er habe nun

genug Geld für die Familie ausgegeben und wollte alles an eine Stiftung für drogenabhängige Jugendliche vererben. Dies hat er dir zwei Tage vor seinem Geburtstagsfest gesagt! Du warst schockiert. Gut, dass es nicht soweit gekommen ist. Nun bist du wenigstens versorgt, denn als Drogistin verdienst du nicht das Salz in der Suppe. Es mangelte dir die ganzen Jahre über an nichts und du konntest sorgenfrei leben.
Die jetzige Witwe, die dritte Ehefrau, hat er in Monte Carlo bei einem Formel-I-Rennen kennen gelernt. Du bist dir mit der zweiten Ehefrau einig: Sie ist nichts als ein Boxenluder und hat es nur auf sein Geld abgesehen. Einen Mord traust du ihr allerdings nicht zu.
Du verdächtigst vielmehr seinen Sohn und dessen Frau. Die beiden sind in deinen Augen geldgierige Monster und konnten den Hals noch nie voll kriegen. Gerade vor kurzem erst hat Carl Friedrich den beiden sein Haus auf Mallorca überschrieben. Und als sei dies noch nicht genug, hat er dann auch noch 200 000 Euro für Umbauten dazugegeben. Der Sohn hatte Bedenken, dass das Haus später einmal an das Boxenluder vererbt würde. Das hat dir Carl Friedrich selbst erzählt. Um ihm diese Angst zu nehmen, hat er es ihm schon vorzeitig geschenkt. An seinem Geburtstag hat Carl Friedrich wieder einmal großzügige Geldgeschenke an alle Anwesenden verteilt, natürlich auch an seinen Sohn. Die Reaktion des Sohnes war beschämend. Du hattest den Eindruck, als wäre es dem Jungen nicht genug Geld!
Am Geburtstagsabend ist dir nichts Besonderes aufgefallen, außer, dass die Cocktails immer ausgefallener wurden und alle zu viel getrunken haben. Carl Friedrich hat stundenlang mit dem Boxenluder getanzt. Sie hat wirklich nicht eine Sekunde daran gedacht, dass es zu viel sein könnte für den armen Mann, aber das wundert dich natürlich überhaupt nicht. Sie ist jung und rücksichtslos.
Pass gut auf, was die einzelnen Personen heute Abend aussagen. Vielleicht gelingt es dir ja, den Täter zu ermitteln.

Der Sohn des Verstorbenen (5)

Vorstellungstext des Sohnes

Ich bin Apotheker von Beruf und besitze drei Apotheken in der Stadt. Mein Vater hat keine weiteren Nachkommen, ich bin der einzige Sohn und stamme aus der Verbindung mit seiner zweiten Ehefrau. Ich gebe zu, dass ich ein sehr angespanntes Verhältnis zu meinem Vater hatte. Er hat sich nie besonders für mich interessiert und sein schlechtes Gewissen immer mit Geldgeschenken beruhigt. Leider hat mir auch meine Mutter während meiner Kindheit keine sehr große Aufmerksamkeit geschenkt. Ich wurde seit meinem zehnten Lebensjahr in einem Internat in der Schweiz erzogen. Meine Eltern waren wohl beide zu beschäftigt, um sich um ein Kind zu kümmern. Als mein Vater dann in Monte Carlo seine dritte Ehefrau geheiratet hat, ist unsere Beziehung auf dem Tiefpunkt angelangt.

Was der Sohn außerdem weiß

Von den nachfolgenden Fakten kannst du nach eigenem Ermessen Gebrauch machen.

Vor kurzem hat dein Vater dir und deiner Frau das Haus auf Mallorca überschrieben und außerdem noch 200 000 Euro für die überfällige Renovierung dazugelegt. Dieses Haus ist dein Geburtshaus und du hast während deiner Kindheit mehrere Jahre dort verbracht.

Vermutlich wollte er deshalb, dass du es bekommst. Vor drei Tagen dann hat er dir eröffnet, dass er nach seinem Geburtstagsfest sein Testament ändern wird. Er wollte sein Vermögen in eine Stiftung für drogenabhängige Jugendliche einbringen. Das hat dich zwar nicht erfreut, aber letztendlich hat es dich auch nicht besonders interessiert. In dieser Stiftung arbeitet deine Ehefrau in jeder freien Minute. Sie setzt sich sehr für diese drogenabhängigen Jugendlichen ein und du weißt, dass sie sich über die Testamentsänderung sehr gefreut hat. Deine drei Apotheken laufen gut, du warst auf sein Geld nicht angewiesen und daher war es dir wirklich egal.

Die dritte Ehefrau hältst du für eine Erbschleicherin. Deine Mutter behauptet, sie habe bestimmt ein Verhältnis, aber mit wem, konnte sie dir nicht sagen.

An seinem Geburtstag hat dir dein Vater wieder ein großzügiges Geldgeschenk gemacht. Du hattest einen kleinen Disput mit ihm, denn du wolltest das Geld nicht annehmen. Ihr habt euch kurz gestritten, dann hast du das Geld doch eingesteckt. Deine Frau hat dir berichtet, dass es deinem Vater vor 14 Tagen schon einmal recht schlecht ging. Leider konnte er den Hausarzt an diesem Wochenende nicht erreichen. Trotzdem, Sorgen hast du dir um deinen Vater nicht gemacht. Er strotzte doch geradezu vor Gesundheit! Auf seinem Geburtstagsfest hat er noch stundenlang mit seiner jungen Frau getanzt.
Pass gut auf, was heute Abend ausgesagt wird. Vielleicht fällt dir ja etwas auf, womit dieser Fall gelöst werden kann.

Die Schwiegertochter des Verstorbenen (6)

Vorstellungstext der Schwiegertochter

Ich bin die Schwiegertochter des Verstorbenen, 35 Jahre alt und von Beruf Apothekerin. Ich besitze gemeinsam mit meinem Mann drei gut laufende Apotheken. Meinen verstorbenen Schwiegervater mochte ich sehr und habe ihn schon gekannt, bevor ich meinen Mann kennen lernte. Carl Friedrich hat damals mit einer einmaligen Zahlung die Stiftung unterstützt, in der ich noch heute ehrenamtlich tätig bin. Später, als ich dann meinen Mann kennen gelernt habe, traf ich Carl Friedrich wieder. Seine Qualitäten als Vater waren eher mäßig. Mein Mann hat immer darunter gelitten, dass er mit zehn Jahren in ein Internat in der Schweiz gebracht wurde. Er hat mit beiden Eltern seine Schwierigkeiten und fühlte sich immer abgeschoben.
Am Geburtstagsabend ist mir nichts weiter aufgefallen. Alle haben zu viel getrunken, alle haben die buntesten und verrücktesten Cocktails gemixt. Jeder hätte Gift in einen der Drinks geben können. Mehr kann ich dazu nicht sagen.

Was die Schwiegertochter außerdem weiß

Von deinem übrigen Wissen kannst du nach eigenem Ermessen Gebrauch machen.
Wie bereits erwähnt, kanntest du Carl Friedrich schon lange, bevor du deinen Mann kennen gelernt hast. Du hattest seinerzeit sogar eine Affäre mit ihm. Damals war er noch mit seiner

zweiten Ehefrau verheiratet. Aber es war nichts Ernstes und niemand sollte es jemals erfahren, da warst du dir mit Carl Friedrich einig.
Vor einigen Tagen hat er dich mit der Änderung des Testaments überrascht. Er wollte sein Hauptvermögen an die Stiftung vererben, für die du in jeder freien Minute tätig bist. Dies hat dich natürlich sehr glücklich gemacht, denn die drogenabhängigen Jugendlichen brauchen viel Unterstützung und Hilfe.
Am Montag nach seinem Geburtstag sollte das neue Testament unterzeichnet werden. Dein Mann wusste dies und hat ziemlich gleichgültig darauf reagiert. Er wünschte sich Zuneigung und Anerkennung und nicht Geld. Um die Gesundheit von Carl Friedrich hast du dir in letzter Zeit Sorgen gemacht. Er hat dir vor 14 Tagen erzählt, dass es ihm gar nicht gut geht und er leider seinen Hausarzt nicht erreichen konnte. Es war aber vermutlich nichts Ernstes, denn auf seinem Geburtstag war er topfit und munter. Er hat sogar stundenlang mit seiner jungen Frau getanzt.

Der Hausarzt des Verstorbenen (7)

Vorstellungstext des Hausarztes

Ich bin Doktor der Medizin, 38 Jahre alt, unverheiratet und habe eine Praxis in der Stadt. Carl Friedrich von Staffelberg gehörte seit drei Jahren zu meinen Patienten. Er neigte dazu, sein Alter zu ignorieren und war immer sehr unvorsichtig. Ich habe ihm mehrfach geraten, etwas kürzer zu treten, was er aber leider nie beherzigt hat.
Als ich am Tag nach seinem Geburtstag zu ihm gerufen wurde, konnte ich nur noch seinen Tod feststellen. Meine Diagnose war Tod durch Herzversagen und ich hatte bis eben keinen Zweifel, dass dies nicht richtig sein könnte. Carl Friedrich war ungefähr vier Stunden tot, als ich ihn untersucht habe.

Was der Hausarzt außerdem weiß

Von den nachfolgenden Fakten kannst du nach eigenem Ermessen Gebrauch machen.
Lieber Hausarzt, wir sagen es dir besser gleich: Du bist heute Abend unser Mörder. Als du in die Villa gerufen wurdest,

wusstest du schon, was dich erwartet, denn du hast ihm in der Nacht das tödliche Gift in einen Cocktail geschüttet und ihm diesen gereicht.

Du hattest das älteste Motiv der Welt: die Liebe! Seit einem Jahr hast du ein Verhältnis mit der dritten Ehefrau von Carl Friedrich. Sie ist eine sehr gebildete und wunderschöne Frau und du liebst sie sehr. Vor 14 Tagen warst du mit ihr für ein Wochenende in Paris. Dir wurde während dieser kurzen Reise klar, dass du nicht länger ohne sie leben möchtest. Das hast du ihr gesagt und ihr auf dem Eiffelturm einen Heiratsantrag gemacht, den sie zu deinem Kummer abgelehnt hat. Sie wollte partout keine Scheidung.

Daraufhin war dir klar, dass du etwas unternehmen musstest. Schließlich war Carl Friedrich kerngesund und hätte vermutlich noch zehn Jahre oder länger gelebt. Mit einer Obduktion hast du nicht gerechnet. Schließlich hattest du den Totenschein ausgestellt und Herztod eingetragen.

Als du mit der Ehefrau von Carl Friedrich in Paris warst, hat der übrigens versucht, dich telefonisch zu erreichen. Er fühlte sich unwohl. Du hattest seinen Anruf auf dem Anrufbeantworter. Es kann sein, dass du heute Abend gefragt wirst, wo du vor 14 Tagen gewesen bist. Überlege dir beizeiten eine schlüssige Ausrede.

Vielleicht kannst du auch falsche Spuren auslegen, um aus der Sache herauszukommen. Denn alle anderen hätten auch ein starkes Motiv gehabt, nämlich Geld!

Und noch etwas kann dir helfen, Verwirrung zu schaffen: Die Schwiegertochter hatte vor Jahren mal ein Verhältnis mit Carl Friedrich. Das hat er dir selbst einmal erzählt. Später hat es ihm dann wohl Leid getan, dass er es ausgeplaudert hatte. Du hast ihm damals versichert, dies fiele natürlich unter die ärztliche Schweigepflicht. Da er nun aber tot ist, kannst du es ruhig erzählen. Zumindest wird diese Aussage für Erstaunen bei den anderen sorgen und die Glaubwürdigkeit der Schwiegertochter erschüttern.

Die Kommissarin, Ermittlerin in diesem Spiel (8)

Die Gastgeberin hat dich als Ermittlerin ausgesucht, weil sie der Meinung ist, dass du gut kombinieren, unangenehme Fragen stellen und den Dingen auf den Grund gehen kannst. Wenn vorhanden, nutze die Tafel oder das große Papier. Hier kannst du zusammentragen, was in der Vorstellungsrunde oder auch später noch von den Mitspielern gesagt wird.

Vorstellungstext der Kommissarin

Ich bin Ermittlerin bei der Mordkommission. Aufgrund eines Anfangsverdachtes, vorgetragen vom Notar, gab es im Todesfall Carl Friedrich von Staffelberg eine Obduktion. Diese hat ergeben, dass der Verdacht berechtigt war und Herr von Staffelberg vergiftet wurde.
Die Zeitberechnung ergab, dass er das Gift ca. gegen 2.30 Uhr in der Nacht zu sich genommen haben muss. Das bedeutet, dass er auf seinem Geburtstagsfest vergiftet wurde, und zwar mit einer Überdosis Digitalis. Um 2.30 Uhr waren nur noch folgende Gäste anwesend: der Sohn, die drei Ehefrauen, die Schwiegertochter, der Notar und der Hausarzt. Eine dieser Personen hat den Fabrikanten ermordet. Ich bitte alle Anwesenden um ihre Mithilfe, um dieses scheußliche Verbrechen aufzuklären.

Was die Kommissarin außerdem weiß

In dieser Familie wimmelt es ja geradezu von Apothekern und Drogisten, die Zugang zu einem Präparat wie Digitalis haben. Gelegenheit, Carl Friedrich zu töten, hatten alle Anwesenden und das Motiv muss nicht zwingend Geld sein. Versuche mit den anderen Mitspielern dem Täter auf die Spur zu kommen. Wenn die Ermittlungen abgeschlossen sind, trage noch einmal laut vor, was ihr ermittelt habt. Ganz zum Schluss schreibt jeder Mitspieler auf, wen er für den Täter hält, und vor allem, warum.

Gastrolle(n), Vertreter von wohltätigen Organisationen

Vorstellungstext des Gastes

Ich bin als Vertreter einer wohltätigen Organisation zur Testamentseröffnung geladen worden, habe mit Bestürzung erfahren, dass der Verstorbene ermordet worden ist, und will helfen den Täter zu überführen.

Tod im Treppenhaus

Ein Mitspielkrimi für 6–7 Personen

Mitspieler

Der alte Freund der Ermordeten, Gastgeber
Der Enkel der Ermordeten
Der Mieter vom ersten Stock
Der Vermieter
Der Privatdetektiv, Ermittler in diesem Spiel
Die Putzhilfe
Gastrolle, Sekretärin des Privatdetektivs

Hinweise und Tipps zum Ablauf

Wie Sie einen Mitspielkrimi planen und durchführen, haben Sie schon im Einleitungskapitel gelesen. Hier zur Erinnerung am Rand noch einmal das Symbol mit der Web-Adresse, bei der Sie Einladung und Rollentexte herunterladen können.

www.mitspielkrimi.de

Besonderheiten in diesem Mitspielkrimi: Die Putzfrau soll eine Armbanduhr tragen, die aus der Wohnung von Olga Z. stammt. Legen Sie also eine Armbanduhr für den Fall bereit, dass die Darstellerin der Putzfrau keine Uhr trägt. Bitte lassen Sie die Vorstellungsrunde in der vorgegebenen Reihenfolge vortragen.

Vor dem Lesen der Geschichte werden die Schilder mit den Rollennamen an die Mitspieler verteilt, damit jeder weiß, welche Rolle er spielt, und bei den für ihn wichtigen Passagen besonders aufmerksam ist.
Erst nachdem die Geschichte des Verbrechens vorgelesen wurde, erhalten die Mitspieler ihre Rollentexte. Jeder Mitspieler sollte während des Vorlesens und bei den Aussagen der anderen gut zuhören und sich eventuell Notizen machen.

Die Einladung

Berliner Morgenpost

Eigener Bericht. Zu einem tragischen Unglück kam es gestern Morgen in einem Vierfamilienhaus in Berlin-Charlottenburg. Die gehbehinderte 82-jährige Olga Z. fiel aus noch ungeklärter Ursache im 3. Stock über das Geländer des offenen Treppenhauses. Sie stürzte vier Stockwerke hinunter in den sicheren Tod. Die Polizei hat die Ermittlungen aufgenommen. Wie uns Polizeisprecher Ulf Käsemodel mitteilte, wird ein Selbstmord nicht ausgeschlossen. **L. Sch.**

Hallo ....,

hast du auch schon von dem tragischen Tod von Olga Z. gehört?

Also ehrlich gesagt, ich glaube nicht an einen Unfall oder Selbstmord – es gibt doch zu viele Ungereimtheiten. Hast du Lust, diesen Fall mit uns zu lösen? Es gibt einige Verdächtige, denen wir gründlich auf den Zahn fühlen wollen!

Wir inszenieren einen Krimiabend und ich möchte dich herzlich einladen, dabei zu sein. Ich freue mich auf einen außergewöhnlichen und unterhaltsamen Abend und ich hoffe, du sagst zu und hilfst uns, den rätselhaften Tod von Olga Z. aufzuklären. Die Ermittlungen nehmen wir am .... um .... Uhr bei .... auf.

Es grüßt dich herzlich

Das ist passiert

Hier noch einmal der Text aus der *Berliner Morgenpost:* „Zu einem tragischen Unglück kam es gestern Morgen in einem Vierfamilienhaus in Berlin-Charlottenburg. Die gehbehinderte 82-jährige Olga Z. fiel aus noch ungeklärter Ursache im 3. Stock über das Geländer des offenen Treppenhauses. Sie stürzte vier Stockwerke hinunter in den Tod. Die Polizei hat die Ermittlungen aufgenommen. Wie uns Polizeisprecher Ulf Käsemodel mitteilte, wird ein Selbstmord nicht ausgeschlossen."

Die 82-jährige Olga Z. ist also vor inzwischen drei Wochen im Treppenhaus zu Tode gestürzt. Die Polizei vermutet einen Unfall oder einen Selbstmord und ermittelt nicht weiter.
Ein alter Freund von Olga Z. aber kann sich einfach nicht vorstellen, dass sie verunglückt ist, und ein Selbstmord kommt für ihn überhaupt nicht in Frage. Schließlich hatte er gerade noch eine Reise mit Olga geplant und sie war so guter Dinge. Er wendet sich an einen Privatdetektiv und bittet diesen, Ermittlungen anzustellen.
Der Detektiv, zunächst sehr skeptisch, recherchiert und stößt tatsächlich auf einige Ungereimtheiten. Er bittet alle Beteiligten zu einem Lokaltermin in die Wohnung von Olga Z. Der Vermieter gibt zunächst vor, keine Zeit dafür zu haben, willigt aber schließlich doch ein. Auch der Enkel von Frau Z. sieht die Notwendigkeit eines Treffens nicht ein. Da er zurzeit aber ohnehin täglich in der Wohnung ist, um diese zu räumen, erklärt auch er sich bereit dazuzukommen. Des Weiteren kommen auf Einladung des Detektivs die Putzfrau, der Mieter aus dem ersten Stock und der alte Freund von Olga Z.
Wir befinden uns nun also in der Wohnung von Olga Z., um zu klären, wie sie zu Tode kam und wer eventuell ein Motiv hatte, die alte Dame zu beseitigen. Versucht gemeinsam mit dem Detektiv der Wahrheit auf die Spur zu kommen!

Die einzelnen Rollen

Der alte Freund der Ermordeten, Gastgeber (1)

Vorstellungstext des alten Freundes

Ich bin 65 Jahre alt und war mit Olga Z. befreundet. Wir haben viel miteinander unternommen und wollten in Kürze gemeinsam eine Kreuzfahrt antreten.
Ich kann mir einfach nicht vorstellen, dass Olga verunglückt ist. Sie war eine resolute und rüstige Dame. Allerdings musste sie wegen einer Hüfterkrankung an Krücken gehen und war in ihrer Bewegungsfreiheit eingeschränkt. Schon deshalb ist es für mich völlig undenkbar, dass sie

freiwillig in den dritten Stock hinaufgegangen ist. Die Wohnungen im dritten und vierten Stock stehen außerdem leer, sie werden zurzeit vom Vermieter modernisiert. Warum hätte Olga hinaufgehen sollen? Das macht keinen Sinn.
Ich habe daher, nachdem die Polizei hier völlig versagt hat, einen Privatdetektiv angeheuert, um zu recherchieren. Eigentlich kann ich mir so einen Detektiv gar nicht leisten, aber ich bin der Meinung, dieser Sache muss auf den Grund gegangen werden.

Was der alte Freund außerdem noch weiß

Von den nachfolgenden Fakten kannst du nach eigenem Ermessen Gebrauch machen. Als Gastgeber weißt du natürlich, wer der Täter ist. Du darfst dich daher nicht allzu intensiv an den Ermittlungen beteiligen.
Die Reise, die ihr gemeinsam unternehmen wolltet, hat Olga Z. bezahlt. Sie hat dich eingeladen und dir auch ansonsten finanziell ab und zu unter die Arme gegriffen. Tatsache ist, dass Olga nicht unvermögend war. Auch in ihrer Wohnung gab es einige wertvolle Gegenstände. Du hingegen bist eher mittellos. Geld hat in eurer Beziehung zwar keine Rolle gespielt, aber es ist nun einmal so: Finanziell hast du sehr von dieser Freundschaft profitiert. Du hattest auch einen Schlüssel für die Wohnung von Olga. Diesen hat sie dir anvertraut, falls einmal etwas passiert. Genauso hat sie sich ausgedrückt, als sie dir den Schlüssel übergeben hat. Von ihrem Tod hast du aus der Zeitung erfahren. Du bist sehr erbost über die schlampige Arbeit der Polizei und musstest dir das Geld für den Privatdetektiv leihen. Aber das bist du Olga schuldig.

Der Enkel der Ermordeten (2)

Vorstellungstext des Enkels

Ich bin der Enkel und einzige Erbe von Olga Z. und 28 Jahre alt. Meine Eltern sind gestorben, als ich zehn Jahre alt war. Meine Großmutter Olga Z. hat mich aufgezogen. Sie lebte schon seit ihrer Kindheit in diesem Haus und hat sehr an ihrer Wohnung gehangen. „Einen alten Baum verpflanzt man nicht“, hat sie immer gesagt. Sie wollte in ihrer Wohnung sterben.

Ich studiere Medizin und lebe seit drei Jahren in einer Wohngemeinschaft mit zwei anderen jungen Leuten. Meine Großmutter hat mir das Studium finanziert. Ich habe sie häufig besucht, wir hatten ein gutes Verhältnis.
Was bestimmt wichtig ist: Ich habe festgestellt, dass in der Wohnung meiner Großmutter einige Dinge fehlen. Zunächst ist Omas Rolex-Armbanduhr verschwunden, außerdem eine wertvolle Vase und eine Halskette. Ich habe schon die ganze Wohnung danach abgesucht. Aber diese drei Gegenstände kann ich nirgends finden!

Was der Enkel außerdem weiß

Von den nachfolgenden Fakten kannst du nach eigenem Ermessen Gebrauch machen.
Zu deiner Überraschung hat Oma Olga dir 250 000 Euro hinterlassen. Du wusstest zwar, dass sie nicht arm ist, aber diese Summe hat dich doch überrascht. Gleich nachdem du das Geld aus dem Erbe erhalten hast, hast du dir einen schicken Sportwagen gekauft. Das war vermutlich ein Fehler, aber du wolltest dir einmal einen Traum erfüllen. Außerdem hattest du etwa 20 000 Euro Schulden für verschiedene Dinge. Diese Schulden hast du nun alle bezahlt. Auf dem Wohnzimmerteppich ist dir ein dunkler Fleck aufgefallen. Du könntest schwören, dass dieser Fleck bei deinem letzten Besuch noch nicht da war. In den Papieren deiner Oma hast du entdeckt, dass sie ihrem alten Freund sehr oft mit Geld unter die Arme gegriffen hat. Auch die zehntägige Kreuzfahrt, die die beiden zusammen machen wollten, hat deine Oma im Voraus komplett bezahlt. Übrigens besitzt dieser alte Freund auch einen Zweitschlüssel zu Omas Wohnung, den er dir bei der Gelegenheit heute gleich zurückgeben soll.
Achtung! Wichtig! Die Putzfrau trägt eine Armbanduhr. Du bist dir sicher, dass es sich um die Rolex handelt, die du bereits in Omas Wohnung vermisst hast. Sprich sie gleich einmal darauf an. Du kannst hier eine Fülle von Informationen erhalten. Versuch gemeinsam mit den anderen, den Tod deiner Oma aufzuklären.

Der Mieter vom ersten Stock (3)

Vorstellungstext des Mieters vom ersten Stock

Ich lebe seit 20 Jahren in diesem Mietshaus und bin 56 Jahre alt. Ich habe Olga Z. gegen Mittag tot im Kellergeschoss gefunden. Das war ein riesiger Schreck und eigentlich müsste ich für diesen Anblick Schmerzensgeld vom Erben bekommen. Weiß jemand der Anwesenden, ob es so was gibt und wo man es beantragen kann? Ich kann nämlich wirklich jeden Euro gebrauchen. Ich bin allein stehend und sehr tierlieb. Demnächst werde ich allerdings hier ausziehen. Ich habe mir eine kleine Eigentumswohnung gekauft. Hier im Haus bin ich ja jetzt der letzte Mieter und wer möchte schon allein in einem so großen Haus wohnen. Das ist ja richtig gruselig!

Was der Mieter vom ersten Stock außerdem weiß

Von deinem übrigen Wissen kannst du nach eigenem Ermessen Gebrauch machen.
Vor einigen Wochen hast du im Treppenhaus eine Halskette gefunden. Du hast diese Kette in ein Pfandhaus gebracht und 500 Euro dafür erhalten. Natürlich hast du geahnt, dass es Olgas Kette war. Da du sie aber nicht leiden konntest, hast du die Kette versetzt. Du wolltest ihr einfach mal eins auswischen, denn du bist sicher, dass sie den Tierschutzverein auf dich gehetzt hat. Vor kurzem hat dieser deine fünf Hunde und zwölf Katzen aus der Wohnung abgeholt. Du glaubst, dass Olga Z. dich wegen nicht artgerechter Haltung von Haustieren angezeigt hat. Gut, es waren vielleicht ein paar Tiere zu viel für die 36 qm Wohnfläche. Aber du hast sie gut behandelt.
Der Enkel von Olga Z. fährt seit ein paar Tagen mit einem dicken Schlitten durch die Gegend. Er scheint ja reichlich geerbt zu haben. Der Vermieter hat dir gekündigt und dir für deinen raschen Auszug zunächst 5, dann 10 und zuletzt 20 000 Euro angeboten. Diese Summe erschien dir angemessen und du hast das Angebot angenommen und eine Eigentumswohnung damit angezahlt. Der Lärm der Modernisierungsarbeiten im dritten und vierten Stock geht dir sowieso auf die Nerven. Sobald du umgezogen bist, wirst du deine Tiere aus dem Heim holen. Am Abend vor Olgas Tod warst du in der Kneipe um die Ecke. Du

bist dort gründlich versackt und erst gegen 6.00 Uhr früh nach Hause gekommen, um deinen Rausch auszuschlafen. Der Putzfrau bist du an diesem Morgen auf der Treppe begegnet, aber sonst hast du nichts Auffälliges bemerkt.

Der Vermieter (4)

Vorstellungstext des Vermieters

Ich bin Architekt, besitze mehrere Mietshäuser in Berlin und habe mich auf Altbaumodernisierungen spezialisiert. Ich bin der Eigentümer des Hauses und habe damit begonnen, das Haus zu modernisieren. Da sich das Haus ohne Mieter besser instand setzen lässt, habe ich alle Mieter angesprochen und alle haben sich einverstanden erklärt, die Wohnungen zu räumen. Natürlich wäre Frau Olga Z. auch ausgezogen. Das hatte sie mir schon signalisiert. Es gab da überhaupt keine Probleme. Frau Z. war eine reizende alte Dame und wir sind bestens miteinander ausgekommen. Das Ganze kann nur ein tragischer Unfall gewesen sein. Sicher wollte sie oben mal nach dem Rechten sehen. Ich bedauere sehr, was passiert ist, kann aber leider nicht mehr dazu sagen.

Was der Vermieter außerdem weiß

Von deinem übrigen Wissen kannst du nach eigenem Ermessen Gebrauch machen.
Die Mieter im dritten und vierten Stock haben dein Angebot Auszug gegen Bares angenommen und sind schon vor einigen Monaten ausgezogen. Auch der Mieter aus dem ersten Stock wird gegen Zahlung von 20 000 Euro die Wohnung in Kürze räumen. Du bist froh, dass dieser Mensch endlich auszieht. Er hatte bis vor kurzem ein ganzes Rudel Katzen und Hunde in der Wohnung, und das, obwohl laut Mietvertrag Tierhaltung untersagt war. Du hast den Kerl angezeigt und der Tierschutzverein hat diesem Treiben daraufhin vor einigen Wochen ein Ende bereitet. Die Miete hat er auch selten pünktlich bezahlt. Der Kerl scheint chronisch pleite zu sein.
An Olga Z. hast du dir aber die Zähne ausgebissen. Du hattest ihr mittlerweile 25 000 Euro geboten, damit sie auszieht. Sie hat sich aber standhaft geweigert. Mit Geldangeboten war bei ihr

nichts auszurichten. Eine Klage, das war dir völlig klar, würde vermutlich wenig Erfolg haben. Schließlich lebte Olga Z. schon 60 Jahre in diesem Haus.
Du hast sie am Vorabend ihres Todes wieder einmal besucht und versucht, sie zum Auszug zu bewegen. Wie immer hat sie sich standhaft geweigert und dir klipp und klar gesagt, dass sie für kein Geld der Welt ausziehen wird. Ihr seid in einen lauten Streit geraten. Irgendwann hast du eine Vase genommen und sie ihr über den Schädel geschlagen. Bewusstlos ist sie auf dem Wohnzimmerteppich zusammengebrochen. Du hast sie daraufhin spät in der Nacht in den dritten Stock getragen und über die Brüstung hinuntergeworfen. Ihre Krücken hast du dort oben auf die Treppenstufen gelegt. Dann hast du versucht, den Blutfleck auf dem Wohnzimmerteppich mit Wasser und Seife zu entfernen.
Dass die Polizei so lasch ermittelt hat, war natürlich ein Segen für dich. Versuche alles, um von dir abzulenken, und ermittle fleißig mit. Angriff ist die beste Verteidigung. Der Enkel hat ja auch kräftig vom Tod seiner Oma profitiert. Das wäre doch ein erstklassiges Motiv.

Die Putzhilfe (5)

Vorstellungstext der Putzhilfe

Ich bin allein erziehende Mutter von drei Kindern und 40 Jahre alt. Ich habe zwölf Putzstellen und verdiene damit auf ehrliche Art mein Geld. Ich habe auch ab und zu in der Wohnung von Frau Z. geputzt. Sie war eine freundliche alte Dame und immer sehr großzügig. Ich kann nichts Schlechtes über sie sagen.
Am Tag, als sie gefunden wurde, habe ich auch die Treppe geputzt. Die Treppe zum Keller habe ich diesmal aber ausgelassen, sie war gar nicht schmutzig und ich hatte es eilig. Zwischen dem zweiten und dem dritten Stock habe ich mehrere Blutflecken weggeputzt. Ich habe angenommen, dass sich einer von den Handwerkern, die oben renovieren, verletzt hatte. Deshalb habe ich das bisher auch nicht erwähnt. Und noch etwas möchte ich sagen: Frau Z. wäre niemals ausgezogen. Sie hat mir mal erzählt, dass der Besitzer des Hauses sie

gefragt hat, ob sie sich einen Umzug vorstellen kann. „Nicht mit mir!", hat sie damals gesagt. Ich weiß nicht, ob das wichtig ist, aber ich wollte es wenigstens erwähnen! Mehr kann ich dazu nicht sagen!

Was die Putzhilfe außerdem weiß

Von deinem übrigen Wissen kannst du nach eigenem Ermessen Gebrauch machen.
Du musst einmal wöchentlich das Treppenhaus reinigen. An dem Tag, als die arme Frau in den Tod gestürzt ist, hast du früh morgens um 6.00 Uhr die Treppe geputzt. Der Mieter vom ersten Stock ist dir im Treppenhaus begegnet. Du weißt aber nicht, ob er gerade erst nach Hause oder ob er aus seiner Wohnung kam. Er stand plötzlich hinter dir und du hast dich sehr erschrocken. Er hatte eine Fahne und war angetrunken. Die Krücken von Olga Z. lagen im dritten Stock. Das hat dich schon sehr gewundert, aber du hast sie dort liegen lassen. Schließlich wirst du nicht fürs Aufräumen bezahlt. Natürlich hast du auch die Kellertreppe gewischt. Es hat dich fast der Schlag getroffen, als du Olga Z. im Kellergeschoss fandest. Der armen Frau war nicht mehr zu helfen, das konnte man gleich sehen. Anstatt die Polizei zu rufen, bist du in die Wohnung von Olga Z. gegangen. Du wusstest, wo sie einen Zweitschlüssel versteckt hatte. Du hast dir eine Rolex-Armbanduhr genommen und anschließend eilig das Haus verlassen.
Die Armbanduhr hast du heute Abend am Handgelenk. Wenn sie entdeckt wird, musst du den Diebstahl zugeben, da hilft nichts. In dem Fall solltest du erzählen, dass du Olga bereits am frühen Morgen gefunden hast.

Der Privatdetektiv, Ermittler in diesem Spiel (6)

Der Gastgeber hat dich als Ermittler ausgesucht, weil er der Meinung ist, dass du gut kombinieren, unangenehme Fragen stellen und den Dingen auf den Grund gehen kannst. Wenn vorhanden, nutze die Tafel oder das große Papier. Hier kannst du zusammentragen, was in der Vorstellungsrunde oder auch später noch von den Mitspielern gesagt wird.

Vorstellungstext des Privatdetektivs

Ich bin ein Ex-Polizist und verdiene seit 20 Jahren mein Geld als Privatdetektiv. Personen- und Objektschutz gehören ebenfalls zu meinen Aufgaben. Ich habe ein kleines Büro und eine Mitarbeiterin, die ab und zu den Papierkram erledigt.
Ich wurde gebeten, im Todesfall Olga Z. zu ermitteln. Zunächst war ich skeptisch, denn alles sah nach einem Unfall aus. Aber weil die Auftragslage zurzeit nicht rosig ist, habe ich eingewilligt, in dieser Sache Nachforschungen anzustellen. Mittlerweile bin ich davon überzeugt, dass Olga Z. ermordet wurde, denn ich habe einiges herausgefunden. Mehr dazu später.

Was der Privatdetektiv außerdem noch weiß

Von den nachfolgenden Fakten kannst du nach eigenem Ermessen Gebrauch machen.
Dieser Fall ist interessanter, als du zunächst gedacht hast. Du hast auch schon einiges herausgefunden, womit du gleich die anderen konfrontieren kannst. Das wären im Einzelnen folgende Punkte: Im Reisebüro hast du erfahren, dass Olga Z. gemeinsam mit ihrem alten Freund eine große Reise machen wollte. Die Reise hat sie komplett bezahlt, also auch die Passage für ihren Freund. Er selbst scheint wenig Geld zu haben. Der Enkel von Olga Z., ein bisher mittelloser Student, fährt seit kurzem einen schicken Sportwagen. Außerdem hatte er Schulden, die er gleich nach dem Tod seiner Großmutter beglichen hat. Vermutlich hat er einiges geerbt. Die verschwundene Kette wurde in einem Pfandhaus versetzt. Die Beschreibung des Mannes, der die Kette gebracht hat, passt haargenau auf den Mieter im ersten Stock. Das Mietshaus in Charlottenburg wird zurzeit modernisiert. Es soll anschließend verkauft werden. Der Vermieter hat allen Mietern Geld für den Auszug geboten, dies hast du von den Mietern erfahren, die bereits ausgezogen sind. Die Wohnungen in der dritten und vierten Etage stehen leer. Hier wird bereits an der Modernisierung gearbeitet. Was wollte Olga Z. dort oben? Olga Z. war 1,55 m groß. Das Geländer ist an der Absturzstelle 1,10 m hoch. Auf dem Wohnzimmerteppich von Olga Z. hast du einen dunklen Fleck gefun-

den. Es kann sein, dass es sich um einen Blutfleck handelt, den jemand mit Wasser und Seife „behandelt" hat. Da sie jedoch im Treppenhaus verunglückt ist, scheint dieser Fleck ohne Bedeutung für unseren Fall, oder? Die Putzfrau war an diesem Morgen auch im Haus – sie hat im Treppenhaus gewischt. Vielleicht hat sie etwas Wesentliches beobachtet? Mit dem Mieter aus dem ersten Stock hatte Olga Z. häufig lautstarken Streit. Gab es hier ein Motiv? Der Enkel von Olga Z. behauptet, es seien Gegenstände aus der Wohnung verschwunden. Es fehlen eine Vase, die Kette und eine sehr wertvolle Rolex-Armbanduhr. Aus diesem Material lassen sich sicher Fragen über Fragen ableiten. Arbeite Punkt für Punkt diese Erkenntnisse ab. Wenn die Ermittlungen abgeschlossen sind, trage noch einmal laut vor, was ihr ermittelt habt. Ganz zum Schluss der Ermittlungen schreibt jeder Mitspieler auf, wen er für den Täter hält, und vor allem, warum.

Gastrolle, Sekretärin des Privatdetektivs

Vorstellungstext des Gastes

Ich bin die Sekretärin des Privatdetektivs und arbeite drei halbe Tage bei ihm. Heute habe ich ihn begleitet, um ihn bei seiner Aufklärungsarbeit zu unterstützen.

Vielleicht fällt dir ja etwas Entscheidendes auf? Jeder Hinweis ist wichtig! Sicher kannst du auch dazu beitragen, dass der Mörder von Olga Z. gefunden wird!

Die eiskalte Braut

Ein Mitspielkrimi aus Bayern für 7–9 Personen

Mitspieler

Alois Huber, Wurstfabrikant, Gastgeber
Walburga Huber, Schwester von Alois Huber
Gundi Löbl, Alois Hubers Tochter
Max Löbl, Gundis Mann, Alois Hubers Schwiegersohn
Regina Greindl, Ehefrau von Sebastian Greindl
Josef Seidlmeyer, Kollege der Ermordeten, Ermittler im Spiel
Sebastian Greindl, Landrat und Freund von Alois Huber
Gastrollen, Freunde von Alois Huber

Hinweise und Tipps zum Ablauf

Wie Sie einen Mitspielkrimi planen und durchführen, haben Sie schon im Einleitungskapitel gelesen. Hier zur Erinnerung am Rand noch einmal das Symbol mit der Web-Adresse, bei der Sie Einladung und Rollentexte herunterladen können.

Besonderheiten in diesem Mitspielkrimi: Halten Sie bitte bei der Vorstellungsrunde die angegebene Reihenfolge ein. Zuerst stellt sich Alois Huber (1) vor, dann seine Schwester Walburga (2) usw.

Dieser Krimi spielt im schönen Bayern! Wenn Sie ein Abendessen vorgesehen haben, könnten Sie den Speisezettel darauf abstimmen: Brotzeitteller mit Räucherschinken, Streichwurst, kaltem Braten, Presssack, Essiggurken; dazu Bauernbrot und Laugenbrezeln. Getränke: Weißbier, Spezi, Radler, G'spritzter. Als Nachtisch könnten Sie Walburgas Bayerische Creme anbieten. Wenn Sie dazu noch eine weiß-blaue Tischdecke auflegen oder entsprechende Servietten besorgen, ist alles perfekt.

Vor dem Lesen der Geschichte werden die Schilder mit den Rollennamen an die Mitspieler verteilt, damit jeder weiß, welche Rolle er spielt, und bei den für ihn wichtigen Passagen besonders aufmerksam ist.
Erst nachdem die Geschichte des Verbrechens vorgelesen wurde, erhalten die Mitspieler ihre Rollentexte. Jeder Mitspieler sollte während des Vorlesens und auch bei den Aussagen der einzelnen Gäste gut zuhören und sich eventuell Notizen machen.

Die Einladung

Grüaß di, Spezi!
Hast du Lust auf einen bayrischen Krimiabend mit Weißbier, Brezen und einer Leiche im Kühlhaus? Wir sind zu Gast bei Alois Huber, einem Wurstfabrikanten aus Bayern. In der Nacht vor seiner Hochzeit geschieht ein Mord und wir werden alles tun, um den Täter zu ermitteln. Zwischendurch lassen wir uns ein paar bayerische Spezialitäten schmecken! Wir hoffen, du hast Zeit und Lust auf einen unterhaltsamen Abend. Wir treffen uns am .... um .... Uhr bei uns.
Pfüat di, bis bald

Das ist passiert

Der Wurstfabrikant Alois Huber feiert in Kürze seinen 60. Geburtstag. An diesem Tag möchte er nicht nur Geburtstag feiern, sondern auch seine Lebensgefährtin Gabriele Gustavson heiraten. Er hat Gabriele vor zehn Monaten auf einer Lebensmittelmesse in Augsburg kennen gelernt. Die Journalistin interviewte ihn für ein Verbrauchermagazin. Dabei kam man sich näher und aus anfänglicher Sympathie wurde große Zuneigung. Als freie Mitarbeiterin verschiedener Zeitungen war Gabriele nicht ortsgebunden und so hat sie Alois Drängen nach einem Umzug in sein großes Haus bald nachgegeben und ist vor einigen Wochen zu ihm in das große und stattliche Anwesen aufs Land gezogen. Die Alois-Huber-Wurstfabrik liegt gleich nebenan. Hier sind 270 Personen beschäftigt.

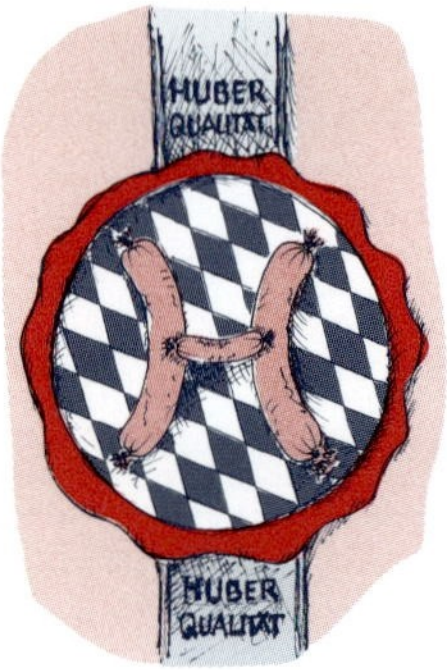

Alois Huber ist ein angesehener und wohlhabender Mann. Seine Tochter Gundi und Schwiegersohn Max sind ebenfalls in der Firma tätig. Gundi leitet den Bereich Marketing und Vertrieb und Max kauft europaweit das Fleisch für die Firma ein. In der Wurstfabrik von Alois Huber wird großer Wert auf Qualität gelegt und nur einwandfreies Fleisch verarbeitet. Dafür bürgt der Firmeninhaber mit seinem Namen auf dem Qualitätssiegel der Produkte. Alois Schwester Walburga ist nach dem frühen Tod seiner ersten Frau vor über 20 Jahren in sein Haus gezogen. Seither führt sie ihm den Haushalt und hat auch seine Tochter Gundi aufgezogen.

Seit Gabriele Gustavson ins Haus gezogen ist, gibt es allerdings Spannungen. Walburga kann sich nur sehr schlecht damit abfinden, dass sich durch Gabrieles Einzug verschiedene Dinge geändert haben, und so geraten die beiden Frauen immer mal wieder heftig aneinander. Auch das Verhältnis von Gundi und ihrer künftigen Stiefmutter ist problematisch. Gundi findet Gabriele mit ihren 35 Jahren zu jung für ihren Vater. Sie gibt dieser Verbindung keine Chance und macht aus ihrer ablehnenden Haltung keinen Hehl.

Für das bevorstehende Geburtstags- und Hochzeitsfest sind 250 Einladungen versendet worden. Alois Huber hat viele Verpflichtungen und er will ein rauschendes, typisch bayerisches Fest feiern, um alle an seinem Glück teilhaben zu lassen. Auf dem Betriebsgelände wurde ein großes Zelt aufgestellt, und eine Blaskapelle wurde engagiert. Ein 15-köpfiges Küchenteam soll Produkte aus der Alois-Huber-Wurstfabrik zubereiten und fünf Bierwagen stehen bereit, um den Durst der zahlreichen Gäste zu stillen.

Am Vorabend des großen Tages hat Alois noch einmal seine Familie und seinen besten Freund und Trauzeugen, den Landrat Sebastian Greindl, und dessen Ehefrau Regina eingeladen. Gabriele hat ihren Kollegen und Freund Josef Seidlmeyer dazu gebeten. Er soll am morgigen Tag ihr Trauzeuge sein. Die kleine Gesellschaft trifft sich zum Abendessen im großen Haus von Alois Huber.

Gabriele fühlt sich bereits als Frau des Hauses. Sie tritt sehr selbstbewusst auf und legt im Umgang mit Alois' Familie wenig Fingerspitzengefühl an den Tag. Mit den Worten „Alles viel zu fett!" hat sie zum Beispiel Walburgas Speisevorschlag für heute Abend kurzweg abgelehnt und die Sache selbst in die Hand genommen. Statt des Leibgerichts von Alois, Schweinsbraten mit Knödeln, Soße und Rotkraut, gibt es heute eine bunte Gemüseplatte mit kross gebratenen Rindsstreifen, Salzkartoffeln und einer leichte Soße. Danach serviert Gabriele frisch zubereiteten Obstsalat. Die Bayerische Creme, die Walburga bereits fertig im Eisschrank stehen hatte, wird nicht aufgetragen. Alois kann sich mit diesem Abendessen nicht so recht anfreunden, er ist aber bemüht, sich nichts anmerken zu lassen, denn er möchte seine künftige Frau nicht verärgern. Wenn sie erstmal verheiratet sind, wird er ihr schon sagen, wie eine richtige Mahlzeit aussehen muss. Zu Walburgas völligem Erstaunen isst er ohne Murren gedünstete Möhren und Brokkoli und gießt sich mit scheinbarer Begeisterung die fettarme Soße über Gemüse und Kartoffeln. Walburgas Bemerkung „Davo werd ma do net satt", überhört er höflich. Gabriele erklärt mit einem Seitenblick auf Walburga, dass man sich künftig sehr viel gesünder ernähren werde.

Dies ist nicht das einzige Fettnäpfchen, in das sie heute Abend tritt. Man könnte fast den Eindruck haben, dass sie es geradezu darauf anlegt, zu provozieren. Alois vermutet, dass es etwas mit ihrem Beruf zu tun hat. Müssen Journalisten nicht manchmal frech sein und auch unangenehme Fragen stellen, um den Dingen ganz auf den Grund zu kommen? Er nimmt sich vor, noch heute Abend ein Gespräch mit seiner jungen Frau zu führen. Es geht nicht an, dass sie seine Familie und seine Freunde vor den Kopf stößt. Gegen 23.00 Uhr löst sich die Gesellschaft auf. Morgen ist ein großer Tag und alle wollen um 10.00 Uhr ausgeschlafen auf dem Standesamt erscheinen. Alois und Gabriele schlafen heute, ganz traditionell, in getrennten Zimmern. Wenigstens in diesem Punkt konnte Walburga sich durchsetzen. Sie hat das Gästezimmer für Gabriele hergerichtet, denn in der Nacht vor der Hochzeit dürfen Braut und Bräutigam nicht im selben Raum schlafen! Gabriele hält dies für Unsinn und Aberglaube, aber in diesem Fall gibt sie nach.

Am nächsten Morgen hat sich das Brautpaar für 8.00 Uhr zum Frühstück verabredet. Alois ist pünktlich bei Tisch. Seine Laune ist glänzend, der neue Trachtenanzug steht ihm vorzüglich und ist dem Anlass entsprechend festlich. Er verspürt aufgrund des spärlichen Abendessens auch einen recht ordentlichen Hunger. Leider wartet er vergebens auf seine Gabriele. Auch Walburga, die den Kaffee serviert, hat die junge Frau an diesem Morgen noch nicht gesehen. Nach einer Weile steht er ungeduldig auf und geht ins Gästezimmer, in dem seine Braut die Nacht verbracht hat. Das Bett ist unbenutzt und das eigens in München angefertigte Kleid für die Trauung hängt unberührt auf einem Bügel am Kleiderschrank.

„Kruzifix, da stimmt doch was net“, ruft Alois.

Alois und Walburga suchen das gesamte Haus ab, aber Gabriele bleibt verschwunden.

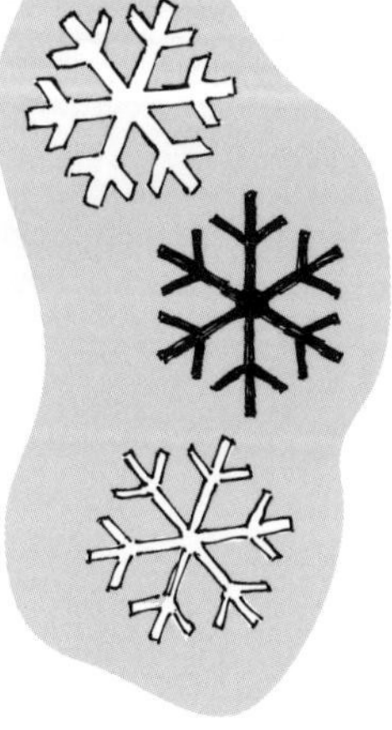

Gegen 9.00 Uhr macht ein Mitarbeiter der Wurstfabrik eine grausige Entdeckung. In einem der Kühlhäuser findet er eine weibliche Leiche. Die Frau ist zweifellos erfroren. Ihr Gesicht ist mit weißem Raureif überzogen und an ihrem Kopf klebt gefrorenes Blut. Als nach etlichen Stunden endlich eine Autopsie vorgenommen werden kann, ergibt diese, dass das Opfer mit einer gefrorenen Hasenkeule bewusstlos geschlagen wurde und dann erfroren ist. Es handelt sich um Gabriele Gustavson. Wer hat der jungen Frau das angetan?

Die einzelnen Rollen

Alois Huber, Wurstfabrikant, Gastgeber (1)

Alois Hubers Vorstellungstext

Ich bin der Huber Alois und ich hab eine Wurstfabrik da heroben. Ich bin fassungslos über das, was hier geschehen ist, einfach fassungslos! Und sowas in meinem eigenen Kühlhaus!

Ich kann mir nur denken, dass der Grund für diese abscheuliche Tat mit dem Job von der Gabriele zusammenhängt. Sie hat in den letzten Wochen an einer Geschichte gearbeitet, die wo sehr brisant war, das hat sie so durchblicken lassen. Es muss was gewesen sein mit einem Lebensmittelskandal und mit korrupten Politikern. Sie hat viel ausgeforscht und herumtelefoniert und hat sich auch mit Informanten irgendwo heraußen getroffen. Mehr hat sie mir nicht darüber erzählen können. Ich habe ja auch immer wenig Zeit, weil ich alleweil in der Firma umeinander sein muss. Freilich, die Gundi und der Max sind schon eine Hilfe im Geschäft, aber der Max muss ja viel unterwegs sein und ich schau dann halt am liebsten selber, dass alles richtig weitergeht.

Was den Mörder angeht, da brauchen's in meiner Familie gar nicht suchen! Die ist über jeden Verdacht erhaben, sowas kommt bei uns nicht vor! Sicher, mancher hat sich schwer getan mit der Gabriele. Aber das hätte sich schon eingerenkt mit der Zeit, da bin ich mir sicher. Gestern abend hat sie ja die Walburga und die Gundi ein paarmal vor den Kopf gestoßen. Das war halt so ihre Art, die hat nicht jedem gelegen. Aber das ist noch lange kein Grund, einen Menschen umzubringen.

Wie sie überhaupt hat ins Kühlhaus kommen können, habe ich mich schon gefragt. Inzwischen habe ich's herausgebracht: Mein Generalschlüssel ist heute morgen nicht am Haken in der Diele gewesen. Da hänge ich ihn jeden Abend hin. Sie wird ihn genommen haben und noch einmal ausgegangen sein. Wenn ich nur wüsst', was sie hat woll'n? Ob sie bei der Nacht in der Firma was gesucht hat? Ich bin völlig ratlos.

Ich hab sonst nichts mitgekriegt, weil ich gestern bald nach dem Nachtmahl ins Bett gegangen bin, ich hab ja heute frisch sein wollen.

Was Alois Huber außerdem weiß

Von deinem übrigen Wissen kannst du nach eigenem Ermessen Gebrauch machen. Allerdings kennst du als Gastgeber ja den Mörder und darfst dich deshalb nicht allzu sehr in die Ermittlungen einbringen.

Gabriele, das weißt du, hat deiner Schwester Walburga und deiner Tochter Gundi sehr zugesetzt. Walburga hatte Angst, dass sie nun ausziehen müsse, und diese Angst war nicht unberechtigt. Die beiden Frauen hätten sich auf Dauer nicht in einem Haus vertragen. Daher hast du dich schon einmal diskret nach einer Wohnung für Walburga umgehört. Der Gundi hat die Gabriele gestern beim Abendessen erzählt, dass sie sich mindestens zwei Kinder von dir wünscht. Gundi hat nicht begeistert reagiert, schließlich wartet sie auch schon viele Jahre auf ein eigenes Kind. Außerdem war sie bisher als dein einziger Nachkomme natürlich auch deine Haupterbin. Deine Braut hat nichts ausgelassen, um die Gesellschaft gestern Abend zu provozieren, aber deiner Meinung nach ist dies alles kein Motiv für einen Mord.

Du solltest ihren Kollegen Josef Seidlmeyer fragen, woran genau Gabriele zurzeit gearbeitet und recherchiert hat. Du bist sicher, nur hier kann das Motiv für diese Tat liegen.

In der Tatnacht hast du vor dem Schlafengehen noch ein sehr ernstes Gespräch mit Gabriele geführt, weil sie deiner Meinung nach nicht den richtigen Ton im Umgang mit deiner Familie und deinen Freunden an den Tag legte. Sie war recht uneinsichtig, hat dir aber versprochen, sich künftig etwas mehr Mühe zu geben. Danach bist du ins Bett gegangen.

Walburga Huber, Schwester von Alois Huber (2)

Walburga Hubers Vorstellungstext

I bin die Huber Walburga, die Schwester vom Alois. Seit zwanzg Jahr mach i dem Alois jetzt an Haushalt und i hob aa die Gundi aufzogn. Wia ihr Muatter gstorbn is, da war's ja grad vier Jahr alt. I bin damals zum Bruder ins Haus zogn, weil er mi braucht hat. I war ja no net verheirat. Die ganzen Jahr hob i g'arbeit für'n Alois und die Gundi. Für mi hot's gar nix anders gebn. Die Gundi ist wie a eigenes

Kind für mi. Wia a Muatter hab i's aufzogn und bin alleweil für sie und den Bruder da gwesen. I hätt so manches Mal aa heiraten kenna, aber i hab auf a eigene Familie verzichtet! I hab ja alles ghabt, was i brauch. Und dann kimmt so a lackerte Stadtschlampen daher und macht alles kaputt. Nix hat ma ihr Recht machn kenna, goar nix. Die zwoa hobn ja sogar no Kinder hobn wolln. Kinder, dass i net lach! In dem Alter vom Alois! Na ja, auf der andern Seiten hat ma ja ghört, dass der Beckenbauer aa no mit sechzg Vater wordn is.
An dem Abend hob i no die Stubn aufgräumt, wie's alle fort warn. Da hob i ghert wie der Alois und sei Weibsbild in ihrer Stubn mitanander gstritten hobn. Der Alois hat's ihr hing'rieben, was für an Ton s' hat gegen die Familie. Aber i hob net glaubn kenna, des die a Lehr annimmt. Na, jetzt is eh wurscht! Jetzt bleibt alles, wie's war. Und des is aa guat so!

Was Walburga Huber außerdem noch weiß

Von deinem übrigen Wissen kannst du nach eigenem Ermessen Gebrauch machen.
Der Alois hat sich schon nach einer Wohnung für dich umgeschaut, das hat dir die Regina gestern Abend gesagt. Alois hätte dich aufs Altenteil abgeschoben. Die Gabriele passte überhaupt nicht zur Familie. Du hast dir große Sorgen gemacht. Wenn die beiden dann auch noch Kinder bekommen hätten, dann wäre die Gundi, dein Schatz, womöglich noch um ihr Erbe gebracht worden. Ermordet hast du die Gabriele natürlich nicht. In der Tatnacht bist du gleich ins Bett gegangen. Du hast daher leider kein Alibi.

Gundi Löbl, Alois Hubers Tochter (3)

Gundi Löbls Vorstellungstext

Ich bin die Tochter von Alois Huber, 28 Jahre alt und seit sechs Jahren mit meinem Mann Max verheiratet. Wir arbeiten beide in der Firma vom Vater, ich bin im Marketing und Vertriebsbereich tätig und der Max macht komplett den Einkauf. Er ist sehr viel unterwegs. Er besucht Schlachthöfe und sieht sich dort die Schlachttiere und das Fleisch an, bevor er es kauft. Diese Reisen dauern immer mehrere Tage, aber es geht halt nicht anders.

Der Vater tut mir sehr Leid, so ein Unglück hab ich ihm wirklich nicht gewünscht. Die Gabriele hat letzte Woche das Internet in der Firma genutzt, weil ihr Laptop kaputt war. Sie ist in mein Büro gekommen und hat gefragt, ob sie meinen PC benutzen darf. Natürlich habe ich es ihr nicht abschlagen können. Später habe ich dann im Rechner nachgeschaut, welche Seiten sie besucht hat. Da sie ja nun tot ist, kann ich es ruhig sagen: Sie war offensichtlich einem Fleischskandal auf der Spur. Außerdem hat sie noch auf der Seite des Bayerischen Landtags Informationen über Sebastian Greindl gesucht. Das hat mich sehr gewundert. Natürlich hoffe ich, dass der Täter schnell gefunden wird.

Was Gundi Löbl außerdem weiß

Von deinem übrigen Wissen kannst du nach eigenem Ermessen Gebrauch machen.

Du warst über die bevorstehende Hochzeit überhaupt nicht erfreut. Gabriele war deiner Meinung nach viel zu jung und sie passte auch gar nicht zu deinem Vater und der Familie. Am Abend vor der geplanten Hochzeit hat sie dir erzählt, dass sie sich mindestens zwei Kinder von deinem Vater wünscht. Das hat dich doch sehr entsetzt, denn dein Vater ist schon 60 Jahre alt. Du selbst bist leider immer noch kinderlos.

Die Tante Walburga sollte aufs Altenteil abgeschoben werden. Du weißt, dass dein Vater schon nach einer Wohnung für sie ausgeschaut hat. Darüber warst du ebenfalls sehr böse, denn die Walburga hat ihr ganzes Leben immer nur für euch gesorgt. Du hättest sie allerdings auch nicht zu dir nehmen können, damit wäre der Max nicht einverstanden gewesen. Er ist ja immer sehr viel unterwegs für die Firma, und wenn er dann nach Hause kommt, möchte er seine freie Zeit lieber mit dir allein verbringen.

In der Tatnacht ist Max noch einmal ins Büro gegangen, weil er noch ein paar Dinge unterschreiben musste. Der nächste Arbeitstag fiel wegen der Hochzeit ja für alle komplett aus und die Post sollte auf jeden Fall noch raus. Du bist gleich ins Bett gegangen.

Max Löbl, Alois Hubers Schwiegersohn (4)

Max Löbls Vorstellungstext

Ich bin der Schwiegersohn von Alois Huber und wahrscheinlich der Einzige, der die Gabriele ganz sympathisch fand. Ich glaube, sie und der Alois wären sicher ganz gut miteinander ausgekommen, auch wenn die Walburga und meine Frau da anderer Meinung sind.
In der Firma kümmere ich mich um den Einkauf und bin dafür verantwortlich, dass die Firma Huber nur einwandfreies Fleish verarbeitet. Mein Schwiegervater würde mich rausschmeißen, wenn mir da ein Fehler passiert. Daher bin ich sehr viel unterwegs, um mir vor Ort auf den Schlachthöfen und auch bei den Viehzüchtern ein Bild zu machen. Deshalb ist die Gundi leider viel allein. Kinder haben wir auch noch keine, was wir beide sehr bedauern. Aber was nicht ist, kann ja noch werden.
Gestern Abend hat Gabriele alle Gäste provoziert. Sie hatte ja eine sehr direkte Art. Ich weiß nicht, warum sie das grad gestern so hat rauslassen müssen, vielleicht war ihr irgendetwas über die Leber gelaufen. Mir hat es ja nichts ausgemacht, ich bin da nicht so empfindlich. Etwas ist mir aber aufgefallen: Sie hat einen Streit mit ihrem Kollegen gehabt. Die beiden haben sich im Hof unterhalten und dabei gestritten. Ich konnte nicht hören, um was es ging, aber vielleicht kann der Josef ja gleich selbst etwas dazu sagen. Es schien mir schon ein recht heftiger Disput zu sein.
In der Tatnacht bin ich noch kurz ins Büro gegangen, weil ich noch ein paar Papiere unterschreiben musste. Der nächste Geschäftstag fiel wegen der Hochzeit ja komplett aus und die Post musste noch raus. Ich bin am Kühlhaus vorbeigegangen, aber es ist mir nichts aufgefallen. Meine Frau ist wahrscheinlich gleich ins Bett gegangen.

Was Max Löbl außerdem weiß

Von deinem übrigen Wissen kannst du nach eigenem Ermessen Gebrauch machen.
Du hast die Gabriele natürlich nicht umgebracht, aber du bist froh, dass sie tot ist. Sie hätte dein größtes Geheimnis verraten können. Du hast seit einem Jahr ein Verhältnis mit Regina, der Frau des Landrats. Gabriele hat es irgendwie herausgefunden. Sie hat ja ständig ihre Nase in alles hineingesteckt. Regina hat

dich öfters auf deinen Reisen begleitet. Ihr Mann hat als Landrat sehr wenig Zeit für sie. Gabriele hat es dir vor zwei Tagen auf den Kopf zugesagt. Wenn sie euch verraten hätte, wäre deine ganze Existenz verloren. Alois hätte dich rausgeschmissen und Gundi hätte dir sicher die Koffer vor die Türe gestellt. Gabriele hat keine Forderungen an dich gestellt, aber es war wie eine Zeitbombe. Du fragst dich, ob eventuell Regina zugeschlagen haben könnte. Du hast ihr erzählt, dass Gabriele Bescheid wusste, und auch für Regina stand viel auf dem Spiel. Andererseits traust du auch Walburga die Tat zu. Walburga hat die letzten 20 Jahre für Alois und Gundi gearbeitet und sich selbst und ihre Bedürfnisse völlig zurückgestellt. Als Dank sollte sie jetzt ausquartiert werden. Du möchtest gar nicht wissen, was in Walburgas Kopf vor sich ging.

Regina Greindl, Ehefrau von Sebastian Greindl (5)

Regina Greindls Vorstellungstext

Ich bin Regina Greindl, die Ehefrau des Landrats Sebastian Greindl. Mein Mann ist der beste Freund vom Alois und sollte sein Trauzeuge werden.
Gabriele Gustavson ist bei der Unterhaltung oft übers Ziel hinausgeschossen. Sie hatte einfach kein Fingerspitzengefühl. Vielleicht muss man als Journalistin so sein, aber mir hat sie nicht gefallen, das sage ich ganz ehrlich.
Sie hat mir an dem Abend erzählt, dass der Alois eine Wohnung für Walburga sucht. Als ob nicht für beide, Walburga und Gabriele, Platz in dem großen Haus gewesen wäre. Das war in meinen Augen nicht richtig.
Außerdem hat sie versucht, mich über meinen Mann auszufragen. Natürlich habe ich mir das verbeten. Das wäre ja noch schöner, dass man einer Journalistin interne Sachen erzählt, nur weil man sich zufällig privat kennt. Der Sebastian muss als Landrat sowieso schon allerhand aushalten, da werde ich ihm nicht auch noch das Leben schwer machen. Ständig werden dumme Gerüchte in die Welt gesetzt über die Leute, die in der Öffentlichkeit stehen, und meistens stimmt gar nichts davon.

Ich hatte jedenfalls keinen Grund, die Gabriele zu töten. Nach dem Abendessen bei Hubers bin ich mit meinem Mann zu Fuß nach Hause gegangen, wir wohnen ja nur ein paar Schritte weit. Mein Mann ist dann noch ins Büro gefahren. Er hat ja immer viel zu tun.

Was Regina Greindl außerdem weiß

Von deinem übrigen Wissen kannst du nach eigenem Ermessen Gebrauch machen.
Du hast seit einem Jahr ein Verhältnis mit Max, dem Ehemann von Gundi. Max ist beruflich viel auf Reisen. Manchmal hast du ihn begleitet. Wenn das herauskommt, wird es natürlich einen großen Skandal geben. Max würde sicher seinen Job und seine Ehefrau verlieren und auch du musst in diesem Fall damit rechnen, dass dein Mann dich verlässt. Gabriele wusste von eurem Verhältnis. Sie hat es irgendwie herausgefunden. Das hat der Max dir gesagt. Sie hat ihn aber weder erpresst noch sonst irgendwelche Forderungen gestellt. Trotzdem wurde dir sehr mulmig, als sie dich nach deinem Mann ausgefragt hat. Wer weiß, ob sie dir nicht doch eines Tages die Pistole auf die Brust gesetzt hätte, um irgendetwas zu erfahren? Du warst ziemlich verunsichert, aber umgebracht hast du sie nicht.
Ein Motiv für einen Mord haben auch andere Personen. Gabriele hat z. B. keinen Zweifel daran gelassen, dass sie Kinder von Alois wollte. Dann hätte Gundi vermutlich einen großen Teil des Erbes verloren. Walburga sollte aufs Altenteil abgeschoben werden. Das war für Walburga sicher schwer zu akzeptieren. Du bist in der Tatnacht gleich ins Bett gegangen und kannst daher nichts weiter zu diesen Ereignissen sagen.

Josef Seidlmeyer, Redakteur, Ermittler im Spiel (7)

Der Gastgeber hat dich als Ermittler ausgesucht, weil er meint, dass du gut kombinieren, unangenehme Fragen stellen und den Dingen auf den Grund gehen kannst. Wenn vorhanden, nutze die Tafel oder das große Papier. Hier kannst du zusammentragen, was in der Vorstellungsrunde oder später noch von den Mitspielern gesagt wird.

Josef Seidlmeyers Vorstellungstext

Ich bin Josef Seidlmeyer, Redakteur bei einer großen Münchner Zeitung und der beste Freund von Gabriele. Gestern Abend habe ich endlich die Familie Huber und den Landrat Greindl mit seiner Frau Regina kennen gelernt. Gabi hatte mir zwar schon viel erzählt, aber persönlich gekannt habe ich sie bis gestern noch nicht. Beruflich hat sie zurzeit an einem Fleischskandal recherchiert, aber das war nicht die Story, die sie meiner Zeitung verkaufen wollte. Sie war vielmehr intensiv mit einer anderen Sache beschäftigt. Dabei ging es um Verbindungen von Politikern zum Rotlichtmilieu. Sie hat mir gestern Abend gesagt, dass sie einem Skandal auf der Spur ist. Mehr wollte sie im Moment nicht erzählen. Meine Zeitung war an dieser Story interessiert.

Übrigens hat Gabi mir vor zwei Tagen noch eine SMS geschickt. Sie schrieb: „Du ahnst nicht, wer mit wem ein Verhältnis hat. Wenn das rauskommt, trifft die Familie Huber glatt der Schlag. Gruß Gabi." Nun frage ich mich natürlich, was sie da herausgefunden haben mag, und ob hier vielleicht ein Mordmotiv zu suchen ist. Mehr kann ich im Augenblick nicht dazu sagen! Ich werde aber alles daran setzen, den Täter zu finden!

Was Josef Seidlmeyer außerdem weiß

Gabriele war eine gute Kollegin und du bist es ihr schuldig, den Täter zu finden. Als Journalist hast du eine gute Nase und daher sollst du heute die Ermittlungen leiten. Hier haben einige Personen ein Motiv, soviel steht wohl fest. Gundi hatte Angst um ihr Erbe, Walburga sollte in eine andere Wohnung umziehen und auch Alois selbst kann als Täter nicht grundsätzlich ausgeschlossen werden.

Gabi hat in Sachen Fleischskandal recherchiert und wer sagt dir, dass im Hause Huber alles einwandfrei ist? Schon ein Gerücht kann in dieser Branche zu Millionenverlusten führen. Der Schwiegersohn Max macht den Einkauf, vielleicht hat er etwas zu verbergen? Gabriele hat gesagt, sie habe eine skandalträchtige Story in der Politik, und der Landrat könnte natürlich darin verwickelt sein. Du solltest also all diese Möglichkeiten in Betracht ziehen.

Am Tatabend hast du mit Gabriele gestritten. Ihr standet im Hof und du hast noch einmal versucht, ihr diese Hochzeit auszureden. Der Alois Huber ist ja ein netter Mann, aber die Sache wäre doch niemals gut gegangen. Du weißt nicht, was in ihr vorging, als sie sich zu diesem Schritt entschlossen hat, und hast mit aller Überzeugungskraft versucht, sie umzustimmen. Schließlich habt ihr euch richtig gezankt. So war das eben in eurer Freundschaft. Ihr habt euch gezankt und wieder vertragen. Niemals hättest du ihr etwas antun können.
Arbeite mit den Anwesenden Punkt für Punkt ab. Wenn die Ermittlungen abgeschlossen sind, trage noch einmal laut vor, was ihr ermittelt habt. Ganz zum Schluss der Ermittlungen schreibt jeder Mitspieler auf, wen er für den Täter hält, und vor allem, warum.

Sebastian Greindl, Landrat und Freund von Alois Huber (8)

Sebastian Greindls Vorstellungstext

Ich bin Sebastian Greindl, Landrat und ein Freund von Alois Huber. Eigentlich möchte ich gar keinen Kommentar abgeben, aber da der Alois mein bester Freund ist, werde ich ein paar Worte sagen.
Ich kann leider nicht viel zur Aufklärung beitragen. Gabriele Gustavson war Journalistin und sie hat aus beruflichen Gründen überall herumgestöbert. Natürlich hat sie auch versucht, etwas über mich herauszufinden, aber da ich keine Leiche im Keller habe, konnte ich der Sache sehr gelassen gegenüberstehen.
Aus beruflichen Gründen bin ich viel unterwegs, aber meine Frau hat Verständnis dafür. Dafür bin ich ihr sehr dankbar. Ich bin erschüttert und hoffe, dass der Fall rasch aufgeklärt wird. Mehr kann und will ich im Moment nicht dazu sagen!

Was Sebastian Greindl außerdem noch weiß

Von deinem übrigen Wissen kannst du nach eigenem Ermessen Gebrauch machen.
Du steckst über beide Ohren in dem Skandal, über den Gabriele recherchiert hat. Sie hat dir gestern Abend klipp und klar zu verstehen gegeben, dass sie erdrückende Beweise gegen dich hat. Sie hat herausgefunden, dass du finanziell an einem Bor-

dell in München beteiligt bist und dass dort in großem Stil Geld gewaschen wird. Du hast sie um eine Aussprache gebeten und ihr habt euch um 24.00 Uhr am Kühlhaus getroffen. Als Max auf seinem Weg ins Büro vorbeikam, seid ihr rasch ins Kühlhaus hineingegangen. Gabriele hatte einen Generalschlüssel dabei und dadurch Zutritt zu allen Räumen. Sie war unerbittlich. Sie wollte, dass du zurücktrittst und dich der Polizei stellst, und zwar gleich nach dem Hochzeitsfest. In deiner Verzweiflung hast du eine tiefgekühlte Hasenkeule genommen und damit zugeschlagen. Gabriele war sofort bewusstlos. Du hast sie dann einfach dort liegen lassen.
Nun musst du alles tun, um den Verdacht auf andere Personen zu lenken. Du kannst z. B. sagen, dass Alois und Max ebenfalls verdächtig sind. Niemand kann dafür garantieren, dass die Firma Huber nicht in den Fleischskandal verstrickt ist. Gabriele hatte den Zentralschlüssel dabei. Sie könnte auch im Büro etwas gesucht haben. Wer weiß schon, was der Max eingekauft hat und was der Alois darüber wusste? Du hast gute Chancen, heute Abend davonzukommen!

Gastrolle(n), Freund von Alois Huber

Vorstellungstext des Gastes

Ich bin ebenfalls ein guter Freund von Alois Huber und möchte ihm mein Beileid aussprechen. Ich hatte mich auf den Geburtstag und die Hochzeit gefreut und will nun mithelfen, den Mörder zu finden.

Da du dich nicht auf eine eigene Rolle konzentrieren musst, hast du den Kopf frei und kannst besonders gut hinhören und aufpassen!

Spätes Glück

Ein Mitspielkrimi für 6–8 Personen

Mitspieler

Susa Winterling, Leiterin des Seniorenstifts, Gastgeberin
Walter Haug, Kommissar im Ruhestand, Ermittler im Spiel
Rudi Kaminski, Ex-Profiboxer
Mathilda und Marga Reichert, Zwillingsschwestern
Wilma Sieweke, Bewohnerin des Seniorenstifts
Gastrollen, weitere Bewohner des Seniorenstifts

Hinweise und Tipps zum Ablauf

Wie Sie einen Mitspielkrimi planen und durchführen, haben Sie schon im Einleitungskapitel gelesen. Hier zur Erinnerung am Rand noch einmal das Symbol mit der Web-Adresse, bei der Sie Einladung und Rollentexte herunterladen können.

Besonderheit in diesem Mitspielkrimi: Der Kommissar hat den Tascheninhalt von Dr. Paul Stubendreher, dem Mordopfer, untersucht und u. a. auch eine in Alu-Folie eingewickelte Zyankali-Kapsel gefunden. Wickeln Sie daher eine beliebige Tablette in Alufolie und legen Sie sie als Requisite auf den Tisch. Sie dürfen auch andere Dinge dazu legen, die in Pauls Tasche gewesen sein können. Für einen Lacherfolg würde z. B. ein Kondom sorgen.

Vor dem Lesen der Geschichte werden die Schilder mit den Rollennamen an die Mitspieler verteilt, damit jeder weiß, welche Rolle er spielt, und bei den für ihn wichtigen Passagen besonders aufmerksam ist.
Erst nachdem die Geschichte des Verbrechens vorgelesen wurde, erhalten die Mitspieler ihre Rollentexte. Jeder Mitspieler sollte während des Vorlesens und bei den Aussagen der einzelnen Gäste gut zuhören und sich eventuell Notizen machen.

Die Einladung

Hallo ....,
wir möchten dich sehr herzlich einladen, im Seniorenstift „Waldesruh“ an einem Tanzabend teilzunehmen. Keine Angst, es wird sicher nicht langweilig, denn das Fest endet mit einem heimtückischen Mord, den es aufzuklären gilt. Es wäre sehr hilfreich, wenn du uns bei den Ermittlungen unterstützen könntest, denn es gibt eine Reihe von Verdächtigen. Bist du dabei? Wir nehmen die Ermittlungen am .... um .... Uhr bei .... auf.
Es grüßt dich herzlich

Das ist passiert

Wir befinden uns im Seniorenstift „Waldesruh“ im Bergischen Land. Der gepflegte Alterssitz ist besonders gut betuchten Herrschaften vorbehalten. Wer hier seinen letzten Lebensabschnitt verbringt, zahlt jeden Monat gut und gerne 5 000 Euro für Kost und Logis. Dafür wird allerdings auch einiges geboten. Die Appartements, in denen die älteren Herrschaften residieren, sind geräumig und ansprechend und das gesamte Ambiente des Hauses kann durchaus als gehoben bezeichnet werden. Auch das Freizeitangebot ist ausgewogen und bietet Ablenkung und Kurzweil für die zahlenden Gäste.
Am heutigen Abend steht ein Tanzfest bevor. Diese Tanzfeste sind bei den Bewohnern des Hauses sehr beliebt und werden in regelmäßigen Abständen von der Heimleiterin Susa Winterling organisiert. Da es im Haus „Waldesruh“ einen deutlichen Damenüberschuss gibt, werden zu diesen Gelegenheiten Herren von außerhalb eingeladen. Es handelt sich dabei stets um Kunden des Heiratsinstituts „Spätes Glück“, hier vor Ort. Dieses Institut hat sich auf die Vermittlung von Ehen im dritten

Lebensabschnitt spezialisiert. Somit sind die Kunden des Heiratsinstitutes genau im richtigen Alter, um im Seniorenstift das Tanzbein zu schwingen. In den vergangenen Jahren hat es bereits drei Hochzeiten im Seniorenstift gegeben, die aus dieser Kooperation entstanden sind.

Auch heute Abend hat die Besitzerin des Heiratsinstitutes einige Herren aus ihrer Kartei ausgesucht und sie zum Tanzen ins Haus „Waldesruh" geschickt. Es handelt sich um Herrn Walter Haug, einen Hauptkommissar im Ruhestand, Herrn Rudi Kaminski, einen ehemaligen Profiboxer, sowie Dr. Paul Stubendreher, einen pensionierten Arzt. Dr. Stubendreher ist bereits seit einiger Zeit Stammgast im Haus „Waldesruh" und bei den Damen als begnadeter Tänzer sehr beliebt. Rudi Kaminski und Walter Haug sind zum ersten Mal dabei und haben in den vergangenen Tagen im Heiratsinstitut Tanzunterricht erhalten. Schließlich will man sich nicht blamieren und ist auf der Suche nach einer gut betuchten, heiratswilligen Dame. Da ist ein positiver erster Eindruck zwingend notwendig.

Im Seniorenstift selbst herrscht, vor allen Dingen bei den weiblichen Bewohnern, große Vorfreude. Wir beobachten heute Abend besonders die Zwillingsschwestern Marga und Mathilda Reichert sowie Wilma Sieweke. Die drei Damen bilden eine Etagengemeinschaft und nehmen auch die Mahlzeiten stets zusammen ein.

Um 19.00 Uhr ist es soweit, die Leiterin des Stifts, Susa Winterling, eröffnet das Fest und kündigt für den Abend noch eine Überraschung an. Rudi Kaminski und Walter Haug sitzen an einem kleinen runden Tisch in einer Ecke des Saals. Sie wissen, was heute Abend von ihnen erwartet wird. Die Besitzerin des Heiratsinstitutes hat ihnen entsprechende Anweisungen gegeben. Beide Herren fühlen sich nicht ganz wohl in ihrer Haut. Sie beschließen daher, erst einmal abzuwarten, ob und wer auf sie zukommt. Es geht schneller als sie dachten.

Kaum erklingt der erste Ton aus der High-Tech-Musikanlage, da steuert Wilma Sieweke entschlossenen Blickes auf die beiden

Neulinge zu. Hier muss man schnell sein. Wer schüchtern ist, bekommt keinen Tanzpartner, das weiß sie aus Erfahrung. Ehe er sich versieht, hat Wilma den Ex-Kommissar Walter Haug aufs Parkett gezerrt. Mathilda und Marga Reichert sind zeitgleich aufgesprungen und steuern beide raschen Schrittes auf Dr. Paul Stubendreher zu. Mathilda ist etwas schneller und den Bruchteil einer Sekunde eher bei Paul. Mit einem triumphierenden Seitenblick auf ihre Schwester nimmt sie Paul Stubendreher bei der Hand und begibt sich mit ihm auf den blank geputzten Tanzboden.

Marga muss mit Rudi Kaminski vorlieb nehmen. Der bemüht sich zwar sehr, aber einen gekonnten Tänzer wie Dr. Paul Stubendreher kann er nicht ersetzen. Rudi Kaminski scheint im Laufe des Abends großen Gefallen am Freibier und an Marga Reichert zu finden. Immer und immer wieder fordert er sie zum Tanzen auf. Vor jedem Tanz trinkt er sich mit einem großen Hellen Mut an. Marga selbst ist dies unangenehm. Sie möchte viel lieber mit Dr. Stubendreher tanzen, und die Bierfahne von Rudi Kaminski findet die empfindliche Marga unerträglich.

Dr. Paul Stubendreher sieht sich dies nicht länger tatenlos mit an. Er erklärt Rudi Kaminski in wenigen deutlichen Worten, dass er sich bitte eine andere Tanzpartnerin suchen solle. Der temperamentvolle Rudi Kaminski kann das nicht auf sich sitzen lassen. Er packt Dr. Paul Stubendreher heftig an der tadellos sitzenden Krawatte und zischt ihm ebenso deutliche Worte entgegen. Bevor etwas Ernsthaftes passieren kann, schreitet Walter Haug ein und trennt die beiden Kontrahenten.

Nach diesem kleinen Zwischenfall ist die Heimleiterin der Meinung, dass es höchste Zeit für die angekündigte Überraschung sei. „Ich glaube, ich weiß was jetzt kommt“, sagt Wilma Sieweke mit spitzbübischem Lächeln zu Walter Haug. Susa Winterling betritt die Bühne und bittet Dr. Paul Stubendreher und Marga Reichert zu sich. Die beiden folgen dem Aufruf gerne, denn sie wissen, was jetzt folgen wird. Mit herzlichen Worten gibt Susa Winterling die Verlobung von Dr. Paul Stubendreher

und Marga Reichert bekannt. „Das hatte ich jetzt allerdings nicht erwartet", erklärt Wilma Sieweke verwundert. Im Saal ist es in diesem Moment totenstill und so hört man das Glas, dass Mathilda aus der Hand rutscht, deutlich auf dem Parkett zerspringen. Susa Winterling spricht rasch weiter: „Gleich, nach einer kleinen Tanzpause, möchte ich Sie alle noch zu einer weiteren, süßen Überraschung einladen. Es gibt unsere berühmten Hefeknödel mit Mohn. Unser Koch hat diese Spezialität eigens für den heutigen Anlass noch zu dieser späten Stunde frisch hergestellt. Selbstverständlich erhalten unsere künftigen Eheleute eine entsprechend dekorierte Sonderanfertigung. Wenn ich Sie also alle in einer halben Stunde hier wieder begrüßen dürfte?"
Susa Winterling öffnet die Türen des Saales, um die laue Frühlingsluft hereinzulassen. Die Damen nutzen die Gelegenheit, um sich frisch zu machen, und die meisten der Herren gehen rasch hinaus, um eine Zigarette zu rauchen.
Gegen 23.00 Uhr lädt Frau Susa die Gäste zum Hefeknödel-Essen ein. Die Teller für Braut und Bräutigam sind jeweils mit kleinen Herzen verziert. Auf dem Teller von Dr. Paul Stubendreher steht zusätzlich ein kleiner Schokoladen-Bräutigam, auf Marga Reicherts Teller steht eine Braut, ganz aus weißer Schokolade. Paul und Marga sind gerührt und alle lassen es sich schmecken.
Doch kaum hat Paul einige Bissen der süßen Köstlichkeit verspeist, fällt sein Teller zu Boden. Zum Entsetzen von Marga und den anderen Anwesenden fasst er sich an den Hals, verdreht die Augen und sinkt leblos zusammen. Susa Winterling beugt sich über ihn. „Er ist tot", stellt sie dann fest.
„Das gibt's doch gar nicht", wettert Walter Haug, der Kommissar. Er beugt sich ebenfalls über den leblosen Körper. Dann schnuppert er: „Riecht nach Mandeln! Ich würde vermuten: Zyankali!"
Wer hat Dr. Stubendreher das angetan? Und vor allem, warum? Helft unserem Ex-Kommissar Walter Haug bei seinen Ermittlungen und passt auf, was die einzelnen Personen aussagen.

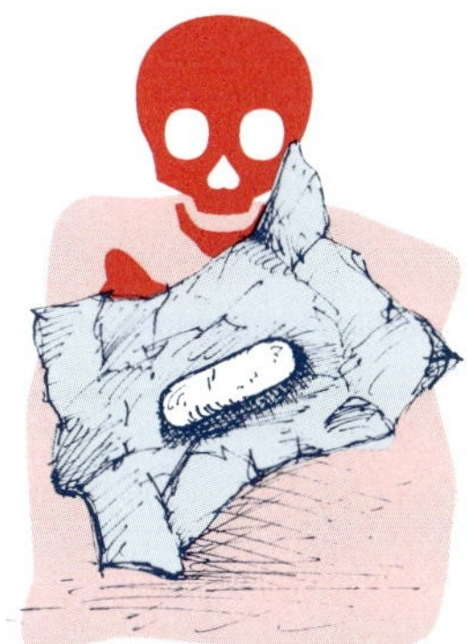

Die einzelnen Rollen

Susa Winterling, Leiterin des Seniorenstifts, Gastgeberin

Susa Winterlings Vorstellungstext

Ich bin Susa Winterling und leite das Seniorenstifts „Waldesruh". Hier leben nur sehr gut situierte Damen und Herren, die auch allesamt sehr anspruchsvoll sind. Herr Dr. Stubendreher ging seit einigen Wochen im Hause ein und aus. Ich war daher nicht allzu überrascht, als er mich gestern Abend bat, seine Verlobung mit Marga Reichert bekannt zu geben. Ich habe das sehr gerne getan. Dr. Stubendreher wollte nach der Hochzeit ebenfalls in das Haus „Waldesruh" einziehen und sich dann Marga Reicherts Appartement mit ihr teilen. Für Mathilda Reichert, die ja im Moment mit ihrer Schwester zusammenwohnt, hätten wir eine andere Lösung gefunden, da war ich mir ganz sicher.

Ich selbst habe in der Küche die Hefeknödel mit den Figuren verziert und dem Mörder damit zweifelsfrei einen Hinweis auf den Teller des Bräutigams gegeben. Der Täter muss nach mir in die Küche gekommen sein, um diesen Teller zu vergiften. Woher er das Gift hatte, ist mir schleierhaft. Jetzt fällt mir allerdings ein Fall ein, der gut sechs Monate zurückliegt. Ein Bewohner des Hauses, der schwer krank war, hat sich damals mit Zyankali das Leben genommen. Woher er das Gift hatte, konnte nie geklärt werden. Aber sicher haben diese beiden Fälle nichts miteinander zu tun.

Was Susa Winterling außerdem weiß

Von deinem übrigen Wissen kannst du nach eigenem Ermessen Gebrauch machen! Da du als Gastgeberin den Tathergang kennst, darfst du dich nicht allzu sehr in die Ermittlungen einbringen.

Doch nun zu dir und deiner Rolle in diesem Stück: Du hast einiges zu verbergen, denn du hast mit dem Heiratsinstitut „Spätes Glück" ein finanzielles Abkommen, welches bisher auch tadellos funktionierte. Die Damen und Herren aus dem Seniorenstift sind alle äußerst wohlhabend. Kommt eine Hochzeit zwischen einem Bewohner deines Hauses und einem Kandidaten aus dem Heiratsinstitut zustande, erhältst du, sozusa-

gen als Provision, 5 000 Euro. Dieses Geld zahlt der jeweilige Kunde aus dem Heiratsinstitut bar direkt an dich. Wir müssen wohl nicht erwähnen, dass weder das Finanzamt noch die übrigen Bewohner des Hauses involviert sind.
Bisher gab es mit dieser Regelung keine Probleme. Dr. Paul Stubendreher aber wollte nicht zahlen. Ihr hattet deswegen in der Tanzpause in deinem Büro einen heftigen und lauten Streit. Dr. Stubendreher hat klipp und klar erklärt, dass du keinen Cent bekämst und solltest du Schwierigkeiten machen, würde er das Finanzamt einschalten und den anderen Bewohnern des Hauses von deinem Abkommen erzählen. Das wäre natürlich ein Skandal geworden, den du nicht riskieren konntest. Dein guter Ruf stand auf dem Spiel. Hier liegt dein Motiv. Sollte euer Streit belauscht worden sein, gerätst du in Verdacht.
Um von dir abzulenken solltest du Folgendes erwähnen: Rudi Kaminski, der ehemalige Profiboxer, hat Dr. Stubendreher in der Tanzpause gesucht. Du hast ihn vor der Küche getroffen. Er hat gefragt, ob du wüsstest, wo der Doktor ist. Aber leider konntest du ihm nicht helfen. Was wollte Rudi Kaminski von Dr. Stubendreher? Und noch etwas ist vielleicht wichtig: Der arme Kerl, der sich hier im Heim vor sechs Monaten mit Zyankali das Leben genommen hat, war der ehemalige Manager des Boxers Rudi Kaminski. Rudi Kaminski hat den armen Mann ab und zu hier im Haus besucht, daran kannst du dich noch gut erinnern. Nach dem Tod des Managers hat Rudi Kaminski ihn beerbt. Das Erbe betrug 2,5 Millionen Euro.

Walter Haug, Kommissar im Ruhestand, Ermittler im Spiel

Die Gastgeberin hat dich als Ermittler ausgesucht, weil sie der Meinung ist, dass du schon von Berufs wegen gut kombinieren, unangenehme Fragen stellen und den Dingen auf den Grund gehen kannst. Wenn vorhanden, nutze die Tafel oder das große Papier. Hier kannst du alles zusammentragen, was in der Vorstellungsrunde oder auch später noch von den Mitspielern gesagt wird.

Walter Haugs Vorstellungstext

Ich bin Walter Haug, ehemaliger Kommissar im Betrugsdezernat. Um es gleich vorweg zu nehmen: Die Kollegen vom Dezernat Betrug haben mich vor einigen Wochen um Hilfe gebeten. Es ging um Unregelmäßigkeiten im Heiratsinstitut „Spätes Glück". Man hat mich gebeten, dort sozusagen „undercover" zu ermitteln. Ich habe mich daraufhin im Heiratsinstitut als Kandidat angemeldet. Auf diesem Wege bin ich hier auf diese Veranstaltung geraten. Dr. Paul Stubendreher, da bin ich sicher, wurde mit Zyankali ermordet. Der Täter muss das Gift in der Tanzpause dem Hefeknödel beigemischt haben. Ich habe den Tascheninhalt von Dr. Paul Stubendreher untersucht und unter anderem auch eine in Alufolie eingewickelte Kapsel gefunden. Ich habe mir die Kapsel angesehen und bin sicher, dass es sich ebenfalls um eine Zyankali-Kapsel handelt. Was wollte er damit? Ich bitte alle Anwesenden um ihre Mithilfe. Wer etwas beobachtet hat, was mit Dr. Stubendreher oder den Anwesenden zu tun hat, möchte es jetzt bitte sagen!

Was Walter Haug außerdem weiß

Hier ist doch etwas oberfaul. Die Heimleiterin erklärt, dass es vor sechs Monaten bereits einen Selbstmord mit Zyankali gab. Dr. Paul Stubendreher starb an Zyankali und hatte eine Kapsel des gleichen Giftes in der Tasche! Zyankali liegt doch nicht einfach so auf der Straße herum. Du musst versuchen herauszufinden, woher das Gift stammt und wer es hier so großzügig unter die Leute bringt.

Du hast heute Abend eine Beobachtung gemacht, die interessant sein könnte: Wilma Sieweke hat bei der Ankündigung der Überraschung zunächst behauptet, sie wisse, was jetzt käme. Danach hat sie erklärt, damit habe sie nun wieder nicht gerechnet! Was hat sie damit gemeint? Stelle ihr diese Frage.

Des Weiteren hast du den Verdacht, dass Mathilda und Marga Reichert beide in Paul Stubendreher verliebt waren. Mathilda ist das Glas aus der Hand gefallen, als die Verlobung bekannt gegeben wurde. Du hast dich gleich nach ihr umgedreht. Sie war leichenblass. Gehe der Frage nach, ob Mathilda auch in Paul verliebt war und welche Folgen es für Mathilda gehabt

hätte, wenn Paul und Marga geheiratet hätten. Mach dir Notizen und versuche gemeinsam mit den anderen, dem Täter auf die Spur zu kommen. Einfach wird es nicht, denn dieser Fall ist komplizierter, als er aussieht.
Wenn die Ermittlungen abgeschlossen sind, trage noch einmal laut vor, was ihr ermittelt habt. Ganz zum Schluss der Ermittlungen schreibt jeder Mitspieler auf, wen er für den Täter hält, und vor allem, warum.

Rudi Kaminski, Ex-Profiboxer

Rudi Kaminskis Vorstellungstext

Ich bin Rudi Kaminski, ich habe 30 Jahre im Ring gestanden und in den aktiven Jahren auch ganz gut Kohle gemacht. Leider fehlt mir immer noch die passende Ehefrau. Bisher sind mir die Freundinnen immer nach drei, vier Jahren wieder abghauen. Verheiratet war ich nie! Nun hoffe ich, durch das Institut „Spätes Glück" doch noch eine Frau für den Rest des Leben zu finden. Ich bin ja nicht mehr der Jüngste! Natürlich ist es nicht leicht mit den Frauen. Das hat man ja heute Abend wieder gesehen.
Diese Marga ist doch eine ganz süße Schnecke und ich habe mir sehr viel Mühe gegeben. Und dann kommt dieser Paul und sagt, ich soll mir eine andere Tanzpartnerin suchen. Das kann sich ein Rudi Kaminski nicht gefallen lassen. Ich hätte ihm liebend gern eins auf seine Akademiker-Nase verpasst, aber Walter hat mich zurückgehalten. Gut so.
Kurz darauf hatte ich mich schon wieder beruhigt. Gott sei Dank bin ich immer nur kurz so aufbrausend. Vor dem Ende der Tanzpause habe ich Paul noch einmal gesehen. Er stand vor den Toiletten und hatte Zoff mit Wilma. Worum es ging, habe ich nicht gehört. Ich wollte nicht schon wieder Ärger und habe mich schnell verdrückt.

Was Rudi Kaminski außerdem weiß

Von deinem übrigen Wissen kannst du nach eigenem Ermessen Gebrauch machen.
In der Tanzpause hast du Paul zunächst gesucht, um ein Versöhnungsbier mit ihm zu trinken. Du hast auch in der Küche nachgesehen, aber dort stand nur die Heimleiterin Susa Win-

terling und hat die Hefeknödel verziert. Die Leiterin des Heiratsinstitutes hat dir im Vorfeld übrigens Folgendes erklärt: Solltest du hier im Haus „Waldesruh“ eine gut betuchte Braut finden, kostet dies 5 000 Euro extra. Diese 5 000 Euro sind direkt und in bar an Susa Winterling zu zahlen. Du hast den Zusatzgebühren zugestimmt. Für eine Frau wie Marga hättest du auch glatt das Doppelte ausgespuckt.
Und noch was: Der arme Kerl, der sich hier vor sechs Monaten im Heim mit Zyankali das Leben genommen hat, war dein ehemaliger Manager. Er war sehr krank und hat sich wohl selbst erlöst. Du hast ihn regelmäßig besucht. Als er starb hat er dir 2,5 Millionen Euro hinterlassen.

Wilma Sieweke, Bewohnerin des Seniorenstifts

Wilma Siewekes Vorstellungstext

Ich bin Wilma Sieweke und wohne mit Marga und Mathilda Reichert auf einer Etage. Die beiden sind Zwillingsschwestern, aber grundverschieden. Marga ist die lebhaftere, Mathilda die nachdenklichere. Ich verstehe mich mit beiden sehr gut. Natürlich war es ein Schlag für Mathilda, als die Verlobung bekannt gegeben wurde. Sie hatte sicher Angst, dass sie künftig alleine leben müsste.
Rudi Kaminski ist für mich kein Unbekannter. Er hat vor einigen Monaten regelmäßig einen Freund hier im Haus besucht. Dieser Freund ist leider inzwischen verstorben. Ich habe mich sehr gefreut, Herrn Kaminski heute Abend beim Tanzfest wieder zu treffen.

Was Wilma Sieweke außerdem weiß

Von deinem übrigen Wissen kannst du nach eigenem Ermessen Gebrauch machen.
Paul war ein übler Schurke. Er hat an die Bewohner des Heimes Zyankali-Kapseln verkauft. Alle waren ganz verrückt danach, für den Fall der Fälle eine solche Kapsel zu besitzen. Mathilda hat dir davon berichtet und natürlich wolltest du auch eine Kapsel haben. Paul hatte dir versprochen, sie dir für 3 000 Euro zu besorgen. Am Tanzabend aber wollte er plötzlich 5 000 Euro für das Gift haben. Er hat gesagt, er ginge ein erhebliches Risiko ein und könne sie nicht preiswerter abgeben.

Ihr habt euch in der Tanzpause deswegen sehr gestritten. Die Kapsel hast du ihm nicht abgekauft. Er hat sie wieder eingesteckt. Du kannst es ruhig zugeben. Schließlich hast du dich deswegen nicht strafbar gemacht.
Und noch etwas: Du hattest heute Abend eigentlich damit gerechnet, dass sich Mathilda mit Paul verlobt. Diese beiden waren nämlich in den letzten Wochen unzertrennlich. Daher dein Erstaunen, als die Verlobung zwischen Paul und Marga bekannt gegeben wurde. Damit hattest du wirklich nicht gerechnet. Du hast Marga in der Tanzpause übrigens aus der Küche kommen sehen. Du kannst dir aber nicht vorstellen, dass sie ihren Bräutigam vergiftet hat. Warum hätte sie das tun sollen?

Mathilda Reichert, Zwillingsschwester von Marga Reichert

Mathilda Reicherts Vorstellungstext

Ich bin Mathilda Reichert, die Zwillingsschwester von Marga. Um es gleich vorweg zu nehmen: Das Glas ist mir rein aus Versehen aus der Hand gefallen. Natürlich habe ich mich über die Verlobung meiner Schwester gefreut. Wir waren zwar noch nie getrennt, aber sicher hätte sich hier im Hause eine Wohnlösung für uns alle gefunden. Mir war Paul jedenfalls als Schwager herzlich willkommen. Wenn das unser Vater noch erlebt hätte. Unser Vater war nämlich, was die Ehemänner für seine Töchter anging, so wählerisch, dass nie eine Hochzeit zustande kam. Tja, so war das.
Das Vermögen hat Papa an Marga, die Erstgeborene, vererbt. Was sieben Minuten manchmal ausmachen. Aber ich kann mich nicht beschweren. Ich bekomme ein großzügiges Taschengeld und Marga bezahlt natürlich auch das Heim für mich. Das hätte sie bestimmt auch weiterhin getan, da bin ich ganz sicher. Eins muss ich unbedingt noch loswerden: Susa Winterling hat sich heute Abend lautstark mit Paul in ihrem Büro gestritten. Ich bin dort vorbeigegangen und habe es deutlich gehört. Frau Winterling war sehr laut und Paul hat immer wieder gesagt: „Sie sehen keinen Cent!" Leider konnte ich nicht an der Tür lauschen, weil ein paar Bewohner des Hauses gerade in diesem Moment auf dem Flur erschienen sind. Ich bin daher rasch weitergegangen. Mehr kann ich wirklich nicht sagen.

Was Mathilda Reichert außerdem noch weiß

Von deinem übrigen Wissen kannst du nach eigenem Ermessen Gebrauch machen.
Diese Ehe hätte für dich eine Katastrophe bedeutet. Das ganze Vermögen gehörte Marga. Du hast nur ein monatliches Taschengeld von 3000 Euro und die Heimkosten von ihr bekommen. Du hast dir große Sorgen gemacht.
Bis heute Abend hast du geglaubt, dass Paul an dir interessiert sei. In den letzten Wochen hat er viel mit dir unternommen. Ihr wart zusammen aus, wandern und im Kino. Deine Schwester wusste nichts von deiner Freundschaft zu Paul.
Letzten Monat hast du Paul erzählt, dass Marga das ganze Geld gehört und du nur ein Taschengeld von ihr bekommst. Danach hat sich Pauls Verhalten dir gegenüber verändert. Als heute Abend die Verlobung bekannt gegeben wurde, wusstest du gleich Bescheid. Er wollte nur Margas Geld. Da hast du Marga in der Tanzpause alles erzählt.
Übrigens hat jede von euch eine Zyankali-Kapsel. Paul hat sie euch verkauft, als Arzt konnte er sie irgendwie besorgen. Wilma wollte heute Abend auch eine Kapsel kaufen. Du hast das Geschäft vermittelt.

Marga Reichert, Zwillingsschwester von Mathilda Reichert

Marga Reicherts Vorstellungstext

Ich bin Marga Reichert und muss sagen, ich kann immer noch nicht ganz glauben, was passiert ist. Ich bin noch immer sehr mitgenommen und kann nichts weiter dazu sagen. Ich war noch nicht lange mit Paul zusammen und habe mich über seinen Antrag etwas gewundert. Es ging alles sehr schnell. Andererseits wollte ich einfach gerne einmal heiraten, daher habe ich zugestimmt. Ich habe die Tanzpause genutzt, um mich mit Mathilda in unserer Wohnung kurz zu erfrischen. Natürlich hoffe ich, dass der Täter gefunden wird.

Was Marga Reichert außerdem noch weiß

Von deinem übrigen Wissen kannst du nach eigenem Ermessen Gebrauch machen.
Liebe Marga, wir sagen es dir lieber gleich: Du warst es, die Paul Stubendreher das Gift auf den Hefeknödel gestreut hat.

In der Tanzpause bist du in euer Appartement gegangen. Du hast eine völlig aufgelöste Mathilda vorgefunden. Sie hat dir berichtet, dass Paul sie wochenlang heimlich ausgeführt und umgarnt hat und dass sie selbst auf eine Verlobung gehofft hätte. Vor einigen Wochen hat sie ihm dann berichtet, dass du das gesamte Vermögen eures Vaters geerbt hast und dass sie selbst „nur" 3 000 Euro Taschengeld und die Heimkosten bekommt. Daraufhin hat Paul den Kontakt zu Mathilda fast völlig eingestellt und sich dir zugewandt. Da auch dies heimlich geschah, konnte Mathilda nichts davon wissen. Sie hat erst heute Abend von eurer Beziehung erfahren.
Nun wurde dir alles klar: das plötzliche Interesse von Paul an dir, seine Bitte um Diskretion und der überstürzte Heiratsantrag. Paul wollte dich nur wegen deines Geldes heiraten. Persönlich warst du ihm völlig egal. Du warst so wütend auf ihn, dass du beschlossen hast, Paul mit seinen eigenen Waffen zu schlagen. Du wusstest, dass er an die Heimbewohner Zyankali verkauft. Er hat auch dir und Mathilda Kapseln besorgt. Du bist nach dem Gespräch mit Mathilda in dein Schlafzimmer gegangen, hast deine Kapsel geholt und ihren Inhalt in der Küche auf den Hefeknödel geschüttet, der mit dem Bräutigam verziert war.
Etwas, was du den anderen ruhig zutragen kannst: Rudi Kaminski hat seinen früherer Manager, der sich hier im Heim vor Monaten das Leben genommen hat, beerbt. Vielleicht hat Rudi den Manager mit Zyankali umgebracht und es war gar kein Selbstmord? Du solltest auf diese Möglichkeit hinweisen!

Gastrolle(n), weitere Bewohner des Seniorenstifts

Vorstellungstext des Gastes

Ich bin ebenfalls Bewohner des Seniorenstiftes „Waldesruh" und werde mit ermitteln und versuchen, dem Giftmörder auf die Schliche zu kommen.

Da du dich nicht auf eine eigene Rolle konzentrieren musst, kannst besonders gut hinhören und aufpassen!

Der Fluch der Mata Hari

Ein Mitspielkrimi für 6–8 Personen

Mitspieler

Agatha Lyon, Antiquitätenhändlerin
Antje van Straaten, Gastgeberin
Michael Meierling, Bankdirektor
Barbara Gonzales-Meierling, seine Frau
Harry Freyer, Playboy
Georg Pilsen, Inhaber eines Sicherheitsdienstes, Ermittler im Spiel
Gastrollen, Hauspersonal

Hinweise und Tipps zum Ablauf

Wie Sie einen Mitspielkrimi planen und durchführen, haben Sie schon im Einleitungskapitel gelesen. Hier zur Erinnerung am Rand noch einmal das Symbol mit der Web-Adresse, bei der Sie Einladung und Rollentexte herunterladen können.

In diesem Fall können Sie noch für zusätzliche Spannung sorgen, indem Sie einige Requisiten bereit legen. Betten Sie eine Schmuckkette auf ein Sofakissen und präsentieren Sie diese als die fluchbeladene Kette der Mata Hari.
Als nächstes bereiten Sie drei gleiche Briefumschläge vor, die nicht beschrieben werden dürfen.
Nehmen Sie drei Zettel, die Sie wie folgt beschriften:

Zettel Nr. 1: 31 000 Euro, gez. Agatha Lyon
Zettel Nr. 2: 35 000 Euro, gez. Michael Meierling
Zettel Nr. 3: 30 500 Euro, gez. Harry Freyer

Halten Sie diese Summen exakt ein! Stecken Sie die Zettel in die drei Umschläge und legen Sie sie auf den Tisch, sie werden später vom Ermittler geöffnet und vorgelesen.

Vor dem Lesen der Geschichte werden die Schilder mit den Rollennamen an die Mitspieler verteilt, damit jeder weiß, welche Rolle er spielt, und bei den für ihn wichtigen Passagen besonders aufmerksam ist.
Erst nachdem die Geschichte des Verbrechens vorgelesen wurde, erhalten die Mitspieler ihre Rollentexte. Jeder Mitspieler sollte während des Vorlesens und auch bei den Aussagen der einzelnen Gäste gut zuhören und sich evtl. Notizen machen.

Die Einladung

Hallo ....,
kürzlich bin ich auf eine sehr interessante Sache gestoßen. Hast du von der berühmten Kette der Mata Hari gehört? Diese Kette soll mit einem Fluch belegt sein und es gab schon eine ganze Reihe von mysteriösen Todesfällen in ihrem Umfeld. Wir würden dir gerne mehr darüber erzählen. Wenn du also interessiert bist, erwarte ich dich am .... um .... Uhr bei ....
Es grüßt dich herzlich

Das ist passiert

Der Geschäftsmann und Juwelier Paul van Straaten hat in den Niederlanden einen großen Coup gelandet. Es gelang ihm bei einer Auktion, die sagenumwobene Halskette der Spionin Mata Hari zu ersteigern. Diese Halskette soll die während des I. Weltkrieges zum Tode verurteilte Tänzerin bei ihrer Hinrichtung getragen haben. Dem Schmuckstück eilt der Ruf voraus, mit einem Fluch belegt zu sein. Mata Hari soll die künftigen Besitzer kurz vor den tödlichen Schüssen des Exekutionskomman-

dos mit dem Satz „Sterben und verrotten soll jeder, der diese Kette besitzt“ verflucht haben.
Bisher, so scheint es zumindest, hat sich dieser Fluch schon einige Male erfüllt. Der erste Besitzer der Kette soll ein junger Offizier gewesen sein, der der Hinrichtung beiwohnte. Er nahm der toten Spionin die Kette vom Hals und schenkte sie seiner Verlobten. Diese starb kurz darauf an einer Lungenentzündung. Die Eltern der jungen Frau verkauften die Kette dann an einen entfernten Verwandten der Familie. Ein Jahr später wurde er von seinem Pferd abgeworfen und erlag bald seinen schweren Verletzungen.
Danach war das unheilvolle Schmuckstück Jahrzehnte verschollen, bis es 1956 bei einem Antiquitätenhändler in Paris wieder auftauchte. Der unglückliche Mann starb kurz nach dem Erwerb der Kette bei einem Autounfall. Seine Witwe veräußerte das Schmuckstück weiter an einen Engländer. Der behielt die Kette mit dem seltsamen Fluch, sperrte sie aber in einen Tresor und nahm sie 15 Jahre nicht mehr in die Hand. Nach dieser langen Zeit schenkte er sie seiner jungen Verlobten, die drei Wochen später auf recht kuriose Weise starb. Sie erstickte beim Essen in einem vornehmen Restaurant an einem Hühnerknochen. Daraufhin verkaufte der Engländer die Kette an einen Amerikaner. Was aus ihm wurde, ist leider nicht überliefert.
Der Juwelier Paul van Straaten erwarb die Kette schließlich vor einigen Wochen in den Niederlanden. Er war durch das Internet auf das Angebot aufmerksam geworden und wollte sich diese Gelegenheit nicht entgehen lassen. Obgleich die Kette vom reinen Materialwert kaum 3 000 Euro wert ist, betrug der Kaufpreis stolze 25 000 Euro. Paul van Straaten aber ist sicher, die Kette mit einem satten Gewinn weiterverkaufen zu können. Sein Geschäftssinn hat ihn nicht im Stich gelassen. Es gibt inzwischen drei ernsthafte zahlungsfähige Interessenten für das geheimnisvolle Schmuckstück. Es handelt sich um die Antiquitätenhändlerin Agatha Lyon, den Bankdirektor Michael Meier-

ling und den Playboy Harry Freyer. Um einen möglichst hohen Preis zu erzielen, hat der geschäftstüchtige Paul van Straaten beschlossen, eine kleine Privatauktion in seinem Wohnsitz, einem kleinen Schloss vor den Toren von Berlin, zu veranstalten. Hier möchte er das Schmuckstück den Interessenten zeigen und die schaurigen, preistreibenden Geschichten dazu erzählen. Seine Frau Antje möchte die Kette eigentlich gar nicht im Haus haben. „Komm bloß nicht auf die Idee, mir die Kette zu schenken", hat sie entsetzt gerufen, als Paul ihr von dem Kauf und dem Fluch berichtete.

Um die Kette zu schützen, hat Paul van Straaten für dieses Wochenende Georg Pilsen engagiert, der eine Sicherheitsfirma betreibt. Er soll ein wachsames Auge auf das Schmuckstück haben, obwohl es in einem gut gesicherten Tresor aufbewahrt wird.

Nun also ist es so weit. Agatha Lyon, Michael Meierling und seine Frau Barbara, Harry Freyer und Georg Pilsen sind im Schloss eingetroffen. Es liegt eine gewisse Spannung über diesem Treffen, schließlich sind alle, außer George Pilsen, am Erwerb der Kette interessiert, wenn auch aus ganz unterschiedlichen Gründen. Da die Gäste auch über Nacht bleiben sollen, sind vier Gästezimmer im Schloss hergerichtet worden. Die kleine Gesellschaft trifft sich gegen 21.00 Uhr zum Abendessen im Esszimmer der Familie van Straaten. Nach einem köstlichen Mahl begeben sich alle in das Kaminzimmer. Paul van Straaten öffnet den Tresor und präsentiert auf einem Kissen die sagenumwobene Kette. Allgemeines Raunen geht durch den Raum. Sie sieht zwar nicht besonders spektakulär aus, trotzdem geht etwas Geheimnisvolles, etwas Mystisches von ihr aus. Bei einem Glas Champagner erzählt Paul van Straaten anschließend, was ihm bisher über diese Kette zugetragen wurde. „Sie gehen also ein erhebliches Risiko ein, wenn Sie diese Kostbarkeit erwerben", schmunzelt er abschließend und schließt das Schmuckstück mit der dunklen Vergangenheit wieder im Tresor ein. „Wann und wie können wir bieten?", erkundigt sich Bank-

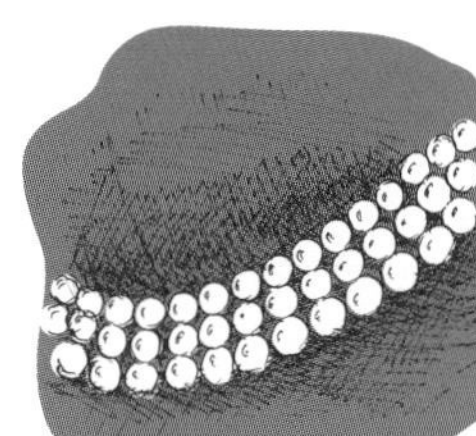

direktor Michael Meierling. „Schreiben Sie mir Ihr Gebot auf einen Zettel, stecken Sie diesen in einen Umschlag und legen Sie ihn heute Abend auf den Tisch im Esszimmer", schlägt Paul van Straaten vor. „Und bitte bedenken Sie, dass der Wert der Kette bei mindestens 30 000 Euro liegt! Morgen früh sage ich Ihnen dann, wer das höchste Gebot abgegeben hat und den Zuschlag erhält! Selbstverständlich werde ich nicht sagen, wie hoch das höchste Gebot ist, darauf haben Sie mein Wort. Diskretion ist selbstverständlich. Ich werde nur den Namen des Höchstbietenden und somit des Käufers nennen!"
Dieser Vorschlag findet allgemeine Zustimmung. Um 23.00 Uhr ziehen sich alle zurück. Noch hat niemand ein Gebot auf dem Tisch im Esszimmer hinterlassen. Um 23.30 Uhr geht Agatha Lyon ins Esszimmer und legt, genau nach Paul van Straatens Anweisung, den Umschlag mit ihrem Gebot auf den Tisch. Um 23.40 Uhr geht Michael Meierling ins Esszimmer und gegen 1.00 Uhr begibt sich Harry Freyer auf den gleichen Weg. In dieser Nacht gehen die Türen der Schlafzimmer noch einige Male auf und zu, und mancher wird von unguten Ahnungen geplagt. Um 5.30 Uhr in der Frühe gellt ein Schrei durch das Schloss, der zweifelsfrei aus dem Kaminzimmer kommt. Der Sicherheitsbeamte Georg Pilsen stürmt, gefolgt von Michael Meierling, ins Erdgeschoss. Im Kaminzimmer finden sie Antje van Straaten. In der Hand hält sie zitternd einen blutigen Schürhaken. Ihr Mann Paul liegt, aus einer großen Kopfwunde blutend, leblos vor ihren Füßen. Georg Pilsen nimmt Antje van Straaten den Schürhaken aus der Hand und platziert sie in einem Sessel. Dann stellt er mit einem geübten Handgriff an der Halsschlagader des Opfers fest, dass hier nicht mehr zu helfen ist. Paul van Straaten wurde offensichtlich erschlagen und ist mausetot. Der Tresor scheint unversehrt. Georg Pilsen öffnet ihn und findet die Kette der Mata Hari auf dem Samtkissen vor. Schon wieder hat sich der Fluch der Kette erfüllt. Aber wer steckt hinter diesem Mord? Versucht gemeinsam, dem Mörder auf die Schliche zu kommen!

Die einzelnen Rollen

Antje van Straaten, Gastgeberin

Antje van Straatens Vorstellungstext

Ich bin Antje van Straaten, Holländerin und seit sieben Jahren mit Paul van Straaten verheiratet. Diese ganze Veranstaltung ist ein Albtraum für mich. Schon als Paul mit der Kette nach Hause kam, hatte ich ein ganz schlechtes Gefühl. Er war beruflich viel unterwegs. Seine Kunden wussten, dass er immer etwas Besonderes für sie hatte, denn er hat ständig nach ausgefallenen Objekten gesucht. So ist er auch an die Kette der Mata Hari gekommen.

Die letzte Nacht war sehr turbulent. Paul war mehrfach im Kaminzimmer, um nach dem Tresor zu sehen. Er hatte Georg Pilsen, den Sicherheitsfachmann, völlig überraschend in einem der Gästezimmer einquartiert. Eigentlich sollte der im Kaminzimmer schlafen, um den Tresor zu bewachen, aber am späten Abends hat Paul spontan anders entschieden. Er fand es plötzlich nicht mehr nötig und hat Georg Pilsen ins Bett geschickt. Ich verstehe das nicht, denn Herr Pilsen war ja zum Schutz der Kette engagiert worden. Er hat Paul schon oft auf Reisen ins Ausland begleitet, denn mein Mann fühlte sich in seiner Begleitung sicherer. Paul handelte nicht nur mit Schmuck, sondern auch mit Kunst und hat viel Geld damit verdient. Ich möchte die Kette so schnell wie möglich verkaufen. Wer das höchste Gebot abgegeben hat, kann die Kette haben.

Was Antje van Straaten außerdem noch weiß

Als Gastgeberin kennst du die einzelnen Rollen, weißt auch, wer der Täter ist und darfst dich daher nicht allzu sehr in die Ermittlungen einbringen. Von deinem übrigen Wissen kannst du nach eigenem Ermessen Gebrauch machen.

Was du über die Gäste von heute Abend weißt: Harry Freyer hast du vor zwei Wochen ganz zufällig im Fitnessstudio kennen gelernt. Ihr kamt ins Gespräch und er hat dir erzählt, dass er an ausgefallenem Schmuck interessiert ist. Da er offenbar auch über die nötigen finanziellen Mittel verfügt, hast du Paul gebeten, ihn zu dieser Auktion einzuladen. Er ist ein Charmeur und macht dir den Hof. Michael Meierling war ganz verrückt nach

der Kette. Er wollte sie unbedingt haben und hat Paul bekniet, sie ihm zu überlassen. Seine Frau ist dir suspekt. Paul hat dir gesagt, dass sie ihm bekannt vorkomme. Er wusste aber nicht mehr, woher. Mit Agatha Lyon hat Paul schon oft Geschäfte gemacht, sie ist mit allen Wassern gewaschen und hat nur ihren Vorteil im Sinn. Paul hat immer gesagt, dass Agatha Nerven wie Drahtseile habe und er gut mit ihr arbeiten könne.
Du warst heute Nacht kurz in der Küche und hast dir ein Glas Milch geholt. Dabei hast du Georg Pilsen getroffen, der wohl auch nach dem Rechten sehen wollte. Ihr habt ein paar Worte gewechselt, dann bist du wieder ins Bett gegangen.
Heute Morgen, gegen 5.00 Uhr ist Paul erneut nach unten gegangen. Als er nach einer halben Stunde noch nicht zurück war, hast du nachgesehen und ihn tot aufgefunden. Das Mordwerkzeug lag neben ihm und du hast es spontan hochgenommen. Dann haben dich die Nerven verlassen und du hast geschrien, bis die anderen dazu kamen.

Georg Pilsen, Inhaber eines Sicherheitsdienstes, Ermittler

Die Gastgeberin hat dich als Ermittler ausgesucht, weil sie der Meinung ist, dass du gut kombinieren, unangenehme Fragen stellen und den Dingen auf den Grund gehen kannst. Wenn vorhanden, nutze die Tafel oder das große Papier. Hier kannst du zusammentragen, was in der Vorstellungsrunde oder auch später noch von den Mitspielern gesagt wird.

Georg Pilsens Vorstellungstext

Ich heiße Georg Pilsen und betreibe einen Sicherheitsdienst. Objekt- und Personenschutz sind meine Spezialität. Paul van Straaten hat mich schon häufiger gebucht, und ich habe ihn regelmäßig auf seinen Einkaufstouren in ganz Europa begleitet.
Er hatte eine gute Spürnase für ausgefallene Objekte und hat kein Risiko gescheut, wenn es darum ging, etwas zu bekommen, wovon er sich ein Geschäft versprach. Wir haben schon viel miteinander erlebt. Als er in den Niederlanden die Kette der Mata Hari erworben hat, war ich allerdings nicht dabei.

Vor einigen Tagen hat er mich für dieses Wochenende engagiert. Ich sollte die Kette bewachen – ein vergleichsweise leichter Job. Es war besprochen, dass ich im Kaminzimmer neben dem Tresor übernachte. Gestern Abend hat Herr van Straaten dann plötzlich gesagt, ich solle doch in einem der Gästezimmer schlafen. Ich habe Einwände gemacht, aber er hat darauf bestanden. Warum, ist mir schleierhaft. Heute Nacht habe ich trotzdem mehrere Male nach dem Rechten gesehen. Schließlich habe ich als Sicherheitsfachmann einen Ruf zu verlieren. Einmal bin ich Antje van Straaten begegnet. Sie hat sich in der Küche ein Glas Milch geholt und ist wieder zu Bett gegangen.

Was Georg Pilsen außerdem weiß

Mit Rücksicht auf Antje van Straaten hast du nicht alles, was du über Paul weißt, erzählt. In früheren Jahren hat er oft und gerne auf seinen Reisen über die Stränge geschlagen. Abschlüsse feierte er zum Beispiel gerne mit Geschäftspartnern im Rotlichtmilieu. In den letzten Jahren ist er aber deutlich ruhiger und solider geworden.

Auf dem Tisch liegen noch die Gebote, die die Kaufinteressenten für die Kette gemacht haben. Öffne nach der Vorstellungsrunde die Umschläge und lies die Gebote vor. Notiere die Summen auf der Tafel bzw. auf dem Blatt Papier. Beobachte die Reaktionen der Bieter. Wenn alle gut aufpassen, müsste es jetzt einen kleinen Tumult geben. Falls niemand reagiert, hake noch einmal nach und frage, ob dies die gebotenen Summen sind.

Ob die Gebote im Zusammenhang mit dem Mord steht, muss natürlich erst noch geklärt werden. Was dir aufgefallen ist: Als Paul van Straaten Barbara Gonzales-Meierling begrüßte, hat er geäußert, sie käme ihm bekannt vor. Er wusste aber nicht mehr, wo er ihr schon einmal begegnet war. „Ich komme schon noch drauf", hatte Herr van Straaten lächelnd zu Barbara Gonzales-Meierling gesagt. Sie selbst wies eine frühere Bekanntschaft weit von sich. Dies kam dir sehr merkwürdig vor.

Von Agatha Lyon weißt du, dass sie schon dubiose Geschäfte mit Paul van Straaten abgewickelt hat. Man munkelt, bei ihr seien Dinge zu kaufen, die vorher aus Museen verschwunden

sind. Ihre Familie stammt aus Paris. Ihr Vater war dort auch als Antiquitätenhändler tätig. Diesen Harry Freyer kennst du nicht. Er soll ein Playboy und recht betucht sein. Woher hat er die Einladung für diese Auktion? Frag ihn danach.
Sind die Ermittlungen abgeschlossen, trage noch einmal vor, was ermittelt wurde. Zum Schluss schreibt jeder Mitspieler auf, wen er für den Täter hält, und vor allem, warum.

Agatha Lyon, Antquitätenhändlerin

Agatha Lyons Vorstellungstext

Ich heiße Agatha Lyon und bin Antiquitätenhändlerin in Berlin. Meine Familie betreibt schon in der vierten Generation Antiquitätenhandel. Mein Vater war Franzose und hatte ein Geschäft in Paris. Nach seinem Tod ist meine Mutter, die Deutsche war, mit ihren Kindern wieder nach Berlin zurückgegangen und seitdem lebe ich hier.
Paul van Straaten kenne ich seit 20 Jahren und habe schon viele Geschäfte mit ihm gemacht. Er konnte oft die erstaunlichsten Objekte anbieten und hat kein Risiko gescheut. Vor 15 Jahren saß er sogar einmal wegen illegaler Ausfuhr von nationalem Kulturgut für ein paar Wochen in einem spanischen Gefängnis. Gott sei Dank ist die Sache für ihn damals glimpflich abgelaufen. Ich habe ihn als Kollegen geschätzt und sehr gemocht.

Was Agatha Lyon außerdem weiß

Von deinem übrigen Wissen kannst du nach eigenem Ermessen Gebrauch machen.
Du hattest einen persönlichen Grund, diese Kette zu ersteigern. In der Geschichte des Verbrechens wurde vorgelesen, dass ein Antiquitätenhändler aus Paris einer der Vorbesitzer der Kette war. Dieser Mann, der bei einem Autounfall starb, war dein Vater. Deine Mutter hat die Kette damals nach England verkauft. Als Paul dir erzählte, dass er sie jetzt besitze, hast du sofort Interesse angemeldet. Du kannst nicht genau sagen, was dich an der Kette fasziniert, aber du möchtest sie haben.
Du hast dich sehr geärgert, dass Paul diesen Weg zum Verkauf des Schmuckes gewählt hat. Ihr habt schon sehr viele gute Geschäfte zusammen gemacht. Teilweise hat Paul dir auch Sachen

verkauft, die aus dubiosen Quellen stammten. Du hast Kunden für solche Stücke, besessene Sammler, die zu horrenden Preisen Kunstwerke kaufen, die sie nie jemandem zeigen können, weil diese irgendwo gestohlen wurden oder verschwunden sind. Solchen Leuten genügt das Bewusstsein, die Sachen zu besitzen und sie heimlich betrachten zu können, wann sie wollen. Niemand anders bekommt sie je zu Gesicht.

Dein Angebot heute Nacht waren 40 000 Euro. Mehrfach hast du die Zimmertür von diesem Meierling gehört. Er war ja ganz verrückt nach der Kette und hat sicher sein Angebot noch einmal aufgestockt. Das wolltest du auch tun, aber du konntest nicht mehr erkennen, welcher der Umschläge auf dem Tisch von dir war, und bist wieder nach oben gegangen.

Auf dem Flur ist dir, mitten in der Nacht, zunächst Antje van Straaten und gleich danach Georg Pilsen begegnet. Zufall? Vielleicht haben die beiden ein Verhältnis und Paul war ihnen im Weg? Antje wird jetzt ein großes Vermögen erben. Georg Pilsen hat Paul oft begleitet und wird seine Frau auch gut gekannt haben. Das solltest du ansprechen. Vielleicht hat der Mord auch gar nichts mit der Kette zu tun, denn sie ist ja noch da!

Michael Meierling und seine Frau sind dir unsympathisch. Du hast gehört, dass Meierling einen Mata-Hari-Spleen haben soll. Seine Wohnung muss voller Fotos von ihr sein und er bietet in seiner Freizeit sogar einen „Mata-Hari-Workshop“ an.

Vielleicht kannst du heute Abend helfen, den Mörder von Paul zu überführen. Pass auf, was die einzelnen Personen aussagen und mach dir Notizen.

Michael Meierling, Bankdirektor

Michael Meierlings Vorstellungstext

Ich heiße Michael Meierling und bin Direktor einer Bank. Von Paul van Straaten habe ich schon eine Reihe von Kunstgegenständen gekauft. Er kannte meine Leidenschaft für Mata Hari und hat mich daher zu dieser Privatauktion eingeladen.

Mata Hari ist für mich eine Person, die zu einem Mythos geworden ist. Ich habe in meiner Wohnung eine Art Privatmuseum zum Thema

Mata Hari eingerichtet und wer Interesse hat, kann gerne zu einer Besichtigung kommen oder einen Workshop belegen. Diese Workshops sind immer ausgebucht. Wir versuchen dabei, die Tänze der Mata Hari wieder zum Leben zu erwecken. Meine Frau Barbara, die ich vor drei Jahren kennen gelernt habe, hilft mir bei den Workshops und ich bin sehr glücklich, dass sie mein Hobby mit mir teilt. Da sie auch noch in meiner Bank arbeitet, verfolgen wir im Beruf und in unserer Freizeit gemeinsame Ziele. Also wie gesagt, wer Interesse hat, kann sich gerne anmelden. Ich brauche wohl nicht zu betonen, dass ich immer noch am Kauf der Kette interessiert bin. Mein Gebot gilt!

Was Michael Meierling außerdem weiß

Von deinem übrigen Wissen kannst du nach eigenem Ermessen Gebrauch machen.
Du hast das höchste Gebot für die Kette abgegeben. Das weißt du, weil du die anderen Gebote eingesammelt und gefälscht hast. Paul van Straaten hat klar gesagt: Er gibt den Zuschlag am Morgen bekannt. Wer am höchsten bietet, erhält die Kette und es wird Diskretion gewahrt. Die Kaufsumme wäre nicht genannt worden und dein Betrug nicht aufgefallen. Nun wird es anders kommen: Die Summen werden sicher bekannt gegeben und du wirst zugeben müssen, was du getan hast.
Andererseits steht das nicht im Zusammenhang mit dem Mord. Du hast Paul van Straaten nicht getötet. Du verdächtigst Harry Freyer. Der kam dir gleich suspekt vor. Du hast noch gestern Abend telefonisch Erkundigungen über ihn eingezogen. Du hast einen Mitarbeiter deiner Bank aus dem Bett geklingelt und ihn um Informationen über Harry Freyer gebeten. Der Mitarbeiter hat dir eben per Handy mitgeteilt, dass der Mann in Wirklichkeit Heinrich Freyer heißt, nur ein Möchtegern-Playboy, ein Betrüger und Heiratsschwindler ist, der erst seit kurzem wieder auf freiem Fuß ist. Lass dir Zeit, ehe du diese Information weitergibst, und beobachte, wie er sich verhält. Vielleicht wollte er den Tresor knacken und wurde von van Straaten überrascht.
Antje van Straaten will die Kette unbedingt loswerden und Hauptsache ist, dass du sie jetzt bekommst.

Harry Freyer, Playboy

Harry Freyers Vorstellungstext

Mein Name ist Harry Freyer, ich bin Geschäftsmann und habe Niederlassungen in Rom, Berlin, New York und Wien. Mein Geschäftsfeld sind Geldanlagen im großen Stil.
Ich hätte die Mata-Hari-Kette gerne für meine Kuriosa-Sammlung von Schmuckstücken erworben, in der es schon ein paar schöne und interessante Stücke gibt. So habe ich zum Beispiel einen Ring, den Präsident Kennedy Marilyn Monroe geschenkt hat, oder ein Diadem, das die deutsche Geliebte eines arabischen Prinzen 1872 von ihm bekam als Dank für wunderschöne Tage und – wahrscheinlich noch schönere – Nächte. Beim Sammeln geht es mir nicht in erster Linie um den Wert des Schmucks, sondern um die Geschichte dahinter. Da darf der Preis natürlich nicht die entscheidende Rolle spielen.
Wegen der tragischen Entwicklung heute Abend und der unheilvollen Geschichte der Kette, möchte ich aber jetzt von meiner Kaufabsicht zurücktreten. Ich will wirklich gerne noch ein bisschen leben und so ganz allmählich beginne ich, an die Sache mit dem Fluch zu glauben. Also noch einmal: Ich möchte diese Kette nicht mehr haben!

Was Harry Freyer außerdem weiß

Von deinem übrigen Wissen kannst du nach eigenem Ermessen Gebrauch machen.
Alles, was du gerade erzählt hast, ist gelogen. Du heißt nicht Harry, sondern Heinrich und bist ein mittelloser Betrüger und Heiratsschwindler und erst vor kurzem aus dem Gefängnis entlassen worden. Du hast versucht, Anschluss an die Kreise zu finden, wo man über Geld nicht spricht, weil man es eben hat. Vor einigen Wochen lerntest du Antje van Straaten in einem Fitnessstudio kennen und hast dich an sie herangepirscht. Sie hat dir von dieser Auktion erzählt. Du hast Interesse geheuchelt und eine Einladung für heute Abend bekommen. Es ging dir erst einmal nur darum, in den richtigen Kreisen Fuß zu fassen, damit du auch künftig eingeladen wirst. Irgendwann wirst du auf ein reiche und zugängliche Dame treffen, die froh ist, wenn sie dich verwöhnen darf, und nur darauf wartet, dass du ihr einen Heiratsantrag machst.

Aber zum Mordfall: Du hast 32 500 Euro für die Kette geboten und hattest nicht die leiseste Ahnung, woher du das Geld hättest nehmen können. Weil du aber sicher warst, dass du überboten wirst, warst du ganz entspannt. Du wolltest diese Halskette nie wirklich haben. Dir ging es darum, dabei zu sein, das gute Essen und das bequeme Zimmer zu genießen, vielleicht eine wohlhabende Frau kennen zu lernen und dir ein angenehmes Wochenende in gediegenem Luxus zu machen.
Nun müsst ihr den Täter finden. Auch der Sicherheitsbeauftragte kommt als Mörder in Frage. Du hast Detektiven noch nie getraut! Lass dich nicht davon täuschen, dass er heute Abend die Ermittlungen leitet. Das bedeutet gar nichts.
Was deine Zukunft angeht: Die hübsche Antje van Straaten wird alles erben und sehr reich, aber einsam sein. Du solltest dich wohl ein bisschen um sie kümmern!

Barbara Gonzales-Meierling, Frau von Michael Meierling

Barbara Gonzales-Meierlings Vorstellungstext

Ich heiße Barbara Gonzales-Meierling, bin Bankkauffrau und die Frau von Direktor Michael Meierling. Bis vor drei Jahren habe ich auf Ibiza gelebt, dann habe ich meinen Mann während eines Fortbildungslehrgangs in Deutschland kennen gelernt und ihn geheiratet. Paul van Straaten und seine reizende Ehefrau Antje habe ich gestern zum ersten Mal gesehen und bin über diesen schrecklichen Mord erschüttert. Ich weiß, dass es meinem Mann sehr viel bedeuten würde, diese Kette zu besitzen. Sie wäre ein absolutes Highlight für unser Museum zu Hause. Ich unterstütze meinen Mann bei seinem Hobby, wo ich nur kann. Ich arbeite in derselben Bank, in der mein Mann Direktor ist. Das ist schön, weil wir uns dadurch auch tagsüber sehen. Heute Nacht bin ich erst spät eingeschlafen. Mehr kann ich im Moment nicht dazu sagen!

Was Barbara Gonzales-Meierling außerdem weiß

Von deinem übrigen Wissen kannst du nach eigenem Ermessen Gebrauch machen.
Machen wir es kurz, liebe Barbara: Du bist heute Abend unsere Mörderin. Dummerweise hat Paul van Straaten dich gestern

Abend wiedererkannt. Du bist ihm vor 15 Jahren schon einmal begegnet und zwar unter Umständen, die dein Mann auf keinen Fall erfahren darf. Du hast als ganz junges Ding einen Spanier namens Pedro Gonzales geheiratet, der ein übler Bursche war. Er betrieb mehrere „Etablissements". Unerfahren wie du damals warst, hast du dich von Pedro dazu verleiten lassen, in einem der Etablissements zu arbeiten. Paul van Straaten kam zu der Zeit oft mit Freunden in dieses Haus, um Geschäftsabschlüsse zu feiern. Dabei bist du ihm mehrfach begegnet. Später konntest du dich von Pedro trennen und eine Ausbildung bei einer Bank machen. Du hast also noch einmal die Kurve bekommen und ein solides Leben begonnen.

Paul van Straaten kam gestern nicht gleich darauf, woher er dich kannte. Später ist es ihm dann eingefallen. Er hat dir gesagt, er wolle dich um 5.00 Uhr früh im Kaminzimmer treffen. Darum hat er auch seinen Sicherheitsmann ins Bett geschickt. Du bist pünktlich hinunter gegangen. Paul wollte dich natürlich erpressen. Du hast deinem Mann nichts über deine Vergangenheit gesagt. Er weiß nur, dass du mit einem Spanier verheiratet warst und dass die Ehe gescheitert ist. Paul wollte, dass du ihm Auskünfte über Bankkunden besorgst. Du hast ihm gesagt, das sei unmöglich, aber er war unerbittlich und hat dir gedroht, deinem Mann alles über deine Vergangenheit zu erzählen. Plötzlich hattest du den Schürhaken in der Hand und hast zugeschlagen. Paul war sofort tot. Danach bist du so schnell du konntest wieder nach oben und hast dich ins Bett gelegt.

Nun musst du abwarten, ob man dir auf die Schliche kommt! Versuche, von dir abzulenken. Behaupte, dass Antje van Straaten und Harry Freyer ein Verhältnis hatten und dass sie Paul van Straaten gemeinsam umgebracht haben. Viel Glück!

Gastrollen, Hauspersonal

Vorstellungstext des Gastes

Ich bin Köchin (Gärtner) bei Paul van Straaten. Leider habe ich nichts gesehen und gehört und kann zu den Geschehnissen nichts sagen, aber ich will mit ermitteln und helfen, den Täter zu überführen.

Tante Friedas letzter Wille

Ein Mitspielkrimi für 6–8 Personen

Mitspieler

Pater Hummel, Freund der Ermordeten, Ermittler im Spiel
Katja Müller, Haushälterin der Ermordeten
Wolfgang Heise, Chauffeur der Ermordeten
Annette Johansson, Sven Johanssons Frau
Sven Johansson, Immobilienmakler
Marion Brengert, Gastgeberin
Gastrollen, Begleiter von Pater Hummel

Hinweise und Tipps zum Ablauf

Wie Sie einen Mitspielkrimi planen und durchführen, darüber haben wir Sie schon im Einleitungskapitel ausführlich informiert. Hier zur Erinnerung am Rand noch einmal das Symbol mit der Web-Adresse, bei der Sie Einladung und Rollentexte herunterladen können.

> **Besonderheiten in diesem Mitspielkrimi:**
> Bitte lassen Sie die Vorstellungsrunde in der vorgegebenen Reihenfolge vortragen.

Vor dem Lesen der Geschichte werden die Schilder mit den Rollennamen an die einzelnen Mitspieler verteilt, damit jeder weiß, welche Rolle er spielt, und bei den Passagen, die eventuell für ihn selbst wichtig sein könnten, ganz besonders aufmerksam ist.
Erst nachdem die Geschichte des Verbrechens vorgelesen wurde, erhalten die Mitspieler ihre Rollentexte.
Jeder Mitspieler sollte während des Vorlesens und auch bei den Aussagen der einzelnen Gäste gut zuhören und sich eventuell Notizen machen.

Die Einladung

Hallo ....,
eine berühmte Konzertpianistin ist recht plötzlich in ihrem Haus verstorben! Sie kränkelte schon länger, hat aber jeden Arztbesuch strikt abgelehnt! Ihr Testament ist verschwunden und ihr Neffe sieht Gespenster, seitdem er in ihr Haus gezogen ist. Wir finden, dieser Sache sollten wir dringend auf den Grund gehen! Wir laden dich ein, das Geheimnis um Tante Friedas Testament mit uns gemeinsam zu lösen und nehmen die Ermittlungen am .... um .... Uhr bei .... auf!
Es grüßt dich ....

Das ist passiert

Frieda Lengnowski, eine weltbekannte Konzertpianistin, ist im Alter von 62 Jahren in ihrem Haus in Köln Marienburg verstorben. Sie war bereits seit längerem kränklich und ist friedlich entschlafen. Bereits vier Tage nach ihrem Tod wurde sie auf dem Melaten-Friedhof in Köln beigesetzt. Es war eine große Trauerfeier. Über 200 Freunde und Verwandte haben sich von ihr verabschiedet und sogar der Bundespräsident hat ein Telegramm geschickt.
Frieda Lengnowski hatte keine Kinder. Die Musik war ihr Leben und sie hat in allen bedeutenden Konzertsälen der Welt gespielt. Da nach ihrem Tod kein Testament gefunden wurde, trat die gesetzliche Erbfolge in Kraft. Das herrschaftliche Haus sowie alles Barvermögen von Frieda ging an die einzigen lebenden Nachkommen. Es handelt sich um die Kinder von Friedas verstorbener Schwester, Torben und Sven Johansson. Die Brüder sind Alleinerben, da es sonst keine weiteren Blutsverwandten gibt. Dem langjährigen Personal von Tante Frieda wurde

gekündigt. Die Haushälterin, Katja Müller, soll ihr Zimmer im Haus räumen und auch der Chauffeur und Gärtner, Wolfgang Heise, muss sich nach einem anderen Job und nach einer anderen Wohnung umsehen. Katja Müller und Wolfgang Heise sind über die nach dem Tod Frieda Lengnowskis eingetretene Entwicklung nicht glücklich. Beiden hatte die Künstlerin Wohnrechte und etwas Bargeld im Falle ihres Todes zugesagt und ihnen versichert, dass sie sie entsprechend in ihrem Testament bedacht habe.
Pater Hummel, ein Freund von Tante Frieda, ist verwundert, dass kein Testament gefunden wurde. Vor ihrem Tod hatte er seine alte Freundin noch besucht, um sie noch einmal zu bitten, einen Arzt aufzusuchen, denn Frieda wurde immer schwächer. Sie lehnte erneut ab, einen, wie sie es nannte, „Quacksalber" an sich heranzulassen. Aber sie erzählte ihm bei diesem letzten Treffen, dass sie gerade erst ein neues Testament verfasst habe. Leider hat sie ihm aber nicht gesagt, wo sie es aufbewahrte. Das Testament blieb unauffindbar.
Einige Wochen nach der Beerdigung ihrer Tante Frieda ziehen Torben Johansson, seine Freundin Marion Brengert sowie Sven Johansson und seine Frau Annette in das Haus in Marienburg ein. Katja Müller darf noch für einige Zeit wohnen bleiben, bis sich ein geeigneter Wohnraum für sie findet. Der Chauffeur Wolfgang Heise hat die Wohnung über der Garage bereits geräumt. Er wohnt jetzt ein paar Straßen weiter in einer kleinen Dachgeschosswohnung.
Während Sven, Annette und Marion täglich zur Arbeit aus dem Haus gehen, bleibt Torben tagsüber allein in dem großen Haus. Er ist, genau wie seine Tante, Konzertpianist und scheint das Talent von Tante Frieda geerbt zu haben. Sie hatte ihren Neffen nach allen Kräften unterstützt und ihm auch die Ausbildung an einem Schweizer Konservatorium finanziert. Torben war ihr großer Stolz. Täglich übt er nun auf Tante Friedas Flügel im Wintergarten. An das große Haus musste sich Torben erst gewöhnen und auch das Alleinsein in der 15-Zimmer-Villa berei-

tet dem sensiblen Künstler Schwierigkeiten. Nach wenigen Wochen berichtet Torben beim Abendessen, dass er das Gefühl habe, tagsüber nicht allein im Haus zu sein. Er höre Schritte im Obergeschoss, aber wenn er dann nachsehe, sei niemand da. Außerdem sei es bereits zweimal vorgekommen, dass ein von ihm zubereitetes Mittagessen plötzlich auf dem Küchenboden gelegen habe. Er habe in beiden Fällen nur kurz die Küche verlassen, um die Zeitung hereinzuholen. Als er zurückkam, lag der Teller mit seinem Essen zerschmettert auf dem Küchenboden. Vorgestern dann habe er aus dem ersten Stock plötzlich ein Klavierkonzert gehört. Irgendjemand müsse die Stereoanlage in der Bibliothek angestellt haben. Als er oben nachgesehen hat, sei wieder niemand da gewesen.
Sven nimmt dies alles nicht ernst. Er behauptet, Torben habe die Teller vermutlich nur vorne an die Tischkante gestellt, dann hätten sie Übergewicht bekommen und seien hinuntergefallen. Auch Annette lacht über die Schilderungen und über Torbens Ängste. Die Schritte im Obergeschoss erklärt sie mit den knarrenden Holzfußböden. Dass alte Häuser Geräusche fabrizieren, hält sie für ganz natürlich und die Stereoanlage könne sich auch durchaus einmal durch einen technischen Defekt selbst anstellen.
Torben kann das alles nicht beruhigen. Er bleibt dabei, dass tagsüber eine Person im Haus ihr Unwesen treibt. Seine Freundin Marion schlägt ihm vor, wieder in die alte Wohnung in der Innenstadt zu ziehen. Doch davon möchte Torben nichts wissen. In der Villa kann er stundenlang auf dem herrlichen Flügel üben, ohne dass sich die Nachbarn beschweren. Nach weiteren zwei Wochen wird Torben krank. Er fühlt sich schwach, hat ständig Durst und muss das Bett hüten. Sein Bruder und seine Freundin Marion glauben an eine Grippe.
Durch Zufall kommt Pater Hummel in diesen Tagen zu Besuch. Er erkennt bei Torben die gleichen Symptome, wie bei seiner alten Freundin Frieda kurz vor ihrem Tod und alarmiert sofort einen Notarzt. Torben wird in ein Kölner Krankenhaus ge-

bracht. Dort stellt man eine akute Arsentrioxidvergiftung fest. Torben kann gerettet werden. Sein Körper aber wird noch lange brauchen, um sich zu erholen.
Nun setzt Pater Hummel die Exhumierung von Tante Frieda durch. Bei der anschließenden Autopsie stellt sich heraus, dass auch sie mit Arsentrioxid vergiftet wurde. Wer hatte ein Interesse daran, Tante Frieda und ihren Neffen Torben, der nur mit viel Glück überlebt hat, zu beseitigen? Pater Hummel kann nicht an ein Versehen glauben und er hat eine Information für die Hinterbliebenen, die alle sprachlos machen wird. Hört gut zu, wenn er seine Aussage macht.
Wir befinden uns jetzt im Haus von Tante Frieda. Auf Wunsch von Pater Hummel sind anwesend: Sven und Annette Johansson, Marion Brengert, Karin Müller und Wolfgang Heise. Da Torben noch für längere Zeit im Krankenhaus ist, kann er nicht dabei sein. Versucht, gemeinsam mit dem Pater, den hinterhältigen Giftmörder zu überführen, und hört genau hin, wenn die einzelnen Personen ihre Aussage machen!

Die einzelnen Rollen

Pater Hummel, Freund des Ermordeten, Ermittler (1)

Die Gastgeberin hat dich als Ermittler ausgesucht, weil sie der Meinung ist, dass du gut kombinieren, Fragen stellen und den Dingen auf den Grund gehen kannst. Wenn vorhanden, nutze die Tafel oder das große Papier. Hier kannst du die Fakten aus den Aussagen der Mitspieler zusammentragen.

Pater Hummels Vorstellungstext

Ich bin Pater Hummel und war seit 30 Jahren mit Frieda Lengnowski befreundet. Die Ereignisse der letzten Wochen haben mich sehr betrübt. Ich habe Frieda noch kurz vor ihrem Tod besucht. Sie wurde immer schwächer, hat sich aber beharrlich geweigert, einen Arzt zu konsultieren. Ich mache mir jetzt Vorwürfe, dass ich nicht einfach einen Krankenwagen bestellt habe.

Ich habe heute Abend für die Familie eine Mitteilung, die alle Anwesenden sicher überraschen wird. Trotzdem muss ich es jetzt sagen: Torben ist nicht Friedas Neffe, sondern er ist ihr leiblicher Sohn! Sie hat ihn damals, gleich nach der Geburt zu ihrer Schwester gebracht, die Torben gemeinsam mit ihrem damals einjährigen Sohn Sven als eigenes Kind aufgezogen hat. Niemand sollte es zu Lebzeiten Friedas erfahren, aber sie hat mir gesagt, dass sie es im Testament offen gelegt hätte. Torben sollte ihr Alleinerbe sein. Aufgrund der jüngsten Entwicklung nehme ich an, dass der Täter das Geheimnis kannte. Wenn Torben erfährt, dass er Friedas Sohn ist, kann er das Erbe für sich allein in Anspruch nehmen. Leider ist das Testament nicht auffindbar. Ich glaube, dass der Mörder es vernichtet hat.

Was Pater Hummel außerdem weiß

Da hast du ja gleich eine richtige Bombe platzen lassen. Aber das ist nur die halbe Wahrheit, denn Torben ist auch dein Sohn. Du und Frieda, ihr seid die Eltern von Torben. Gleich nach seiner Geburt habt ihr entschieden, dass er bei Friedas Schwester aufwachsen soll. Als katholischer Priester konntest du dich vor 27 Jahren nicht zu dieser Vaterschaft bekennen und Frieda hatte ihre Karriere noch vor sich. Friedas Schwester hat das Kind gerne genommen. Sie hat Torben immer behandelt wie ihr eigenes Kind und ihr wusstet ihn gut aufgehoben. Frieda war glücklich, als sich herausstellte, dass Torben ihr Talent geerbt hat, hat ihn nach Kräften unterstützt und seine Ausbildung finanziert. Frieda hat dir bei deinem letzten Besuch von ihrem Testament erzählt, dass sie darin niedergeschrieben hat, dass Torben ihr Sohn ist und dass sie ihn als Erben eingesetzt hat. Wo sie das Testament aufbewahrte, hat sie leider nicht erwähnt. Du weißt auch, dass Wolfgang Heise und Katja Müller mit großzügigen Geldsummen bedacht werden sollten. Dies hat Frieda dir ebenfalls erzählt.
Noch etwas könnte wichtig sein: Torben hat dir bei einem Besuch im Krankenhaus erzählt, dass er sich von Marion trennen wolle, weil er glaube, das sie ein Verhältnis mit Sven hat. Vielleicht ist das wichtig für heute Abend.

Du leitest nun die Ermittlungen. Vielleicht musst du zwei Täter suchen, denn der Mörder von Tante Frieda muss nicht unbedingt derjenige sein, der Torben vergiften wollte. Wenn die Ermittlungen abgeschlossen sind, trage noch einmal vor, was ihr ermittelt habt. Am Ende der Ermittlungen schreibt jeder Mitspieler auf, wen er für den Täter hält, und vor allem, warum.

Katja Müller, Haushälterin der Ermordeten (2)

Katja Müllers Vorstellungstext

Ich bin Katja Müller und war die Haushälterin von Frieda Lengnowski. Ich habe sie morgens tot in ihrem Bett gefunden. Als ich dem Notarzt erzählt hatte, dass Frau Frieda seit längerem krank ist, hat er bedenkenlos den Totenschein ausgestellt. Ich wäre niemals auf die Idee gekommen, dass ein Verbrechen passiert ist. Ich führe den Haushalt bei Frieda Lengnowski seit zehn Jahren und mache mir jetzt Vorwürfe, dass ich keinen Arzt geholt habe, als es ihr immer schlechter ging. Andererseits war ja auch die Familie ständig da und niemand hat etwas unternommen. Frau Johansson und auch Frau Brengert haben die Kranke fast täglich besucht, ihr vorgelesen oder ihr Gesellschaft geleistet. Sie brachten auch immer etwas Süßes mit. Frau Frieda war ganz versessen auf Pralinen und solche Sachen.

Torben Johansson ist ein netter Kerl. Er wollte mich auch wieder einstellen, damit er nicht allein im Haus ist, aber Frau Bengert und Frau Johansson waren dagegen. Sie wollten keine Fremden im Haushalt und lieber alles selbst machen. Sven Johansson war einen Tag vor Frau Friedas Tod auch noch einmal sehr lange bei ihr und hat ihr Kuchen mitgebracht. Wo das Testament sein kann, weiß ich nicht. Es ist schon schade, dass es verschwunden ist, denn Frau Frieda hat mir gesagt, dass sie mir Geld hinterlassen wolle und ein Wohnrecht in dem Teil über den Garagen.

Was Katja Müller außerdem weiß

Von deinem übrigen Wissen kannst du nach eigenem Ermessen Gebrauch machen.

Auch du hättest ein Motiv gehabt, Tante Frieda zu töten. Du hast gewaltige Schulden. Es geht um 30 000 Euro, die sich durch deine Kaufsucht angehäuft haben. Du bestellst aus Versandhauskatalogen alles, was dir gefällt, und stapelst die Sachen in deinem Zimmer. Um die Rechnungen zu bezahlen, hast du ein paarmal auf Überweisungsformularen die Unterschrift von Tante Frieda nachgemacht. Es ist immer gut gegangen. Noch etwas geht auf dein Konto: Du bist diejenige, die hinter den Schritten im Obergeschoss, den zerschmetterten Tellern mit Mittagessen und der Musik aus dem Obergeschoss steckt. Es war leicht für dich, Torben einen Schreck nach dem anderen einzujagen, denn du wohntest ja noch im Haus und kanntest dich gut aus. Du wolltest erreichen, dass du deinen alten Job wieder bekommst, damit Torben tagsüber nicht allein ist. Leider haben Annette und Marion das abgeblockt. Sie wollten keine Fremden im Haushalt und alles selbst machen. Marion und Torben haben sich in letzter Zeit oft gestritten. Du hattest den Eindruck, dass ihre Beziehung in einer Krise steckt.

Wolfgang Heise, Chauffeur der Ermordeten (3)

Wolfgang Heises Vorstellungstext

Ich heiße Wolfgang Heise und war als Chauffeur und Gärtner für Frau Frieda tätig. Sie hat den Ärzten nie getraut und immer auf die Heilkräfte der Natur geschworen. Ich habe ihr jeden Tag einen Tee aus Kräutern, die wir im Garten hatten, gebrüht und rüber ins Haus gebracht. Sie glaubte, dass dieser Tee sie wieder auf die Beine bringt. Torben Johansson hat ihn auch probiert, als er krank wurde, aber ihm war er zu bitter. Dass Frau Frieda mich und auch Katja Müller im Testament bedenken wollte, ist richtig. Das hat sie mir erzählt. Es wäre sicher nicht viel Geld gewesen, aber sie wollte uns beiden auch Wohnrechte an den Appartements über den Garagen vermachen. Bei den Mieten heutzutage wäre das eine feine Sache gewesen.
Etwas muss ich noch sagen: Die Katja Müller, die leidet offensichtlich unter Kaufzwang. Die stapelt in ihrem Zimmer unter dem Dach alle möglichen Waren! Sowas habe ich noch nie gesehen. Auch als Frau Frieda noch gelebt hat, kam fast jeden Tag der Paketbote. Mäntel, Kleider, Digitalkameras, Schuhe, Hüte, Geschirr! Es steht alles, zum Teil noch verpackt, in dem kleinen Zimmer da oben. Ich frage mich, was die Katja mit all den Sachen macht und wovon sie sie bezahlt.

Was Wolfgang Heise außerdem noch weiß

Von deinem übrigen Wissen kannst du nach eigenem Ermessen Gebrauch machen.
Dein eigentlicher Beruf ist Heilpraktiker, aber damit konntest du kein Geld verdienen. Frau Frieda hat dich vor acht Jahren eingestellt und war ganz begeistert, einen Kräuterfachmann im Haus zu haben. Alle Wehwehchen, die sie in den letzten Jahren hatte, hast du mit den Heilkräften der Natur geheilt. Leider hast du die Symptome der Vergiftung nicht erkannt.
Du glaubst, dass Katja Müller hinter den unheimlichen Vorgängen im Haus steckt, über die Torben berichtet hat. Sie kannte sich gut im Haus aus und ist die Einzige, die dazu Gelegenheit hatte. Annette, Sven und Marion waren tagsüber arbeiten, und du warst es nicht. Also bleibt nur Katja.
Außerdem fragst du dich, warum sich der Pater Hummel so sehr in diese Sache reinhängt. Weiß er etwas über den Vater von Torben? Schließlich kennt er Frieda ja schon seit 30 Jahren und Torben ist erst 27. Sicher hat er schon damals von der Schwangerschaft gewusst. Frage ihn doch einmal, ob er eine Ahnung hat, wer Torbens Vater sein könnte.
Und da gibt es auch noch eine sehr unangenehmen Sache. Torben hat herausgefunden, dass du einen teuren Sportwagen von Frau Frieda verschoben hast. Sie hatte bis vor einem Jahr ein Mercedes SL Cabrio in der Garage stehen. Das wurde angeblich gestohlen und die Versicherung hat gezahlt ohne viel zu fragen. Richtig ist aber, dass du den Wagen nach Frankreich verkauft hast. Du hast 45 000 Euro bar auf die Hand dafür bekommen. Torben hat das irgendwie herausbekommen und dich mit dieser Tatsache konfrontiert. Er wollte, dass du das Geld innerhalb von acht Tagen zurückzahlst, dann wollte er von einer Anzeige absehen. Das wäre ein Motiv für den Mordversuch an Torben. Du hast natürlich nichts mit den Giftanschlägen zu tun und du hättest das Geld auch pünktlich zurückgezahlt, du hast es ja noch nicht ausgegeben. Ob man dir das allerdings glauben wird, wenn die Sache rauskommt, ist fraglich.

Annette Johansson, Sven Johanssons Frau (4)

Annette Johanssons Vorstellungstext

Ich bin Annette Johansson, von Beruf Apothekerin und seit fünf Jahren mit Sven verheiratet. Die ganze Sache ist einfach unfassbar. Ich habe Tante Frieda bis zuletzt fast täglich besucht und ich habe sie mehrfach gebeten, einen Arzt kommen zu lassen. Leider stieß man bei ihr damit auf taube Ohren. Sie hat ihrem Gärtner und Chauffeur vertraut und sich mit Tee behandeln lassen. Wie ich inzwischen erfahren habe, soll er gelernter Heilpraktiker sein. Wenn das stimmt, dann meine ich, dass er die Symptome einer Vergiftung eigentlich hätte erkennen müssen.
Ich habe die Kontoauszüge von Tante Frieda kontrolliert und festgestellt, dass mehrere Überweisungen aus der Vergangenheit recht merkwürdig sind. Tante Frieda hat ungewöhnlich hohe Versandhausrechnungen bezahlt. Darunter Beträge für Unterwäsche in Größe 38. Tante Frieda hatte aber Größe 46. Ich möchte dieser Sache noch einmal gründlich nachgehen.
Katja Müller will unbedingt wieder eingestellt werden, aber ich möchte keine Fremden im Haushalt. Ich teile mir die Arbeit im Haus mit Marion, das geht ganz gut. Zwischen Marion und Torben kriselte es in letzter Zeit. Das muss ja mal gesagt werden. Ich glaube nicht, dass die Verbindung noch lange halten wird.

Was Annette Johansson außerdem weiß

Von deinem übrigen Wissen kannst du nach eigenem Ermessen Gebrauch machen.
Du, liebe Annette, bist sehr eifersüchtig auf jede Frau, die auch nur in die Nähe von deinem Sven kommt. Du bist der Meinung, dass Sven ein Verhältnis mit Marion oder mit Katja Müller hat. Du kannst es zwar nicht beweisen, aber du glaubst fest, dass es so ist. Du kannst Sven heute Abend offen fragen, ob und mit wem von den beiden Frauen er ein Verhältnis hat. Du willst jetzt endlich wissen, woran du bist!
Du arbeitest als Apothekerin und hättest leicht an Arsen heran kommen können. Außerdem hast du Tante Frieda oft besucht. Ihr das Gift zu verabreichen, wäre nicht schwierig gewesen, aber du warst es nicht. Jetzt fällt dir noch ein, dass vor zwei

Monaten einmal der Ersatzschlüssel zu der Apotheke, in der du arbeitest, verschwunden war. Ihr wohntet damals noch in der alten Wohnung. Du hast ihn zwei Tage lang gesucht und plötzlich lag er wieder vorne in der Diele in einem Schubfach. Du erinnerst dich auch, dass an diesen Tagen Marion und Torben zu Besuch waren. Sven, Torben und auch Marion hätten also die Gelegenheit gehabt, den Schlüssel an sich zu nehmen und Arsen zu stehlen. Du solltest dies heute Abend zur Sprache bringen, auch wenn du deinen Mann damit belastest. Sven hat zurzeit viele Schulden. Er ist ins Bauträgergeschäft eingestiegen und hat noch lange nicht alle Häuser, die er auf eigene Kosten gebaut hat, verkauft. Der Geldsegen von Tante Friedas Erbe kam ihm gerade Recht.

Sven Johansson, Immobilienmakler (5)
Kurz vorweg: Pater Hummel wird gleich bekannt geben, dass Torben nicht dein Bruder ist. Du erfährst dies nun in dieser Runde als Erster. Torben war Tante Friedas leiblicher Sohn.

Sven Johanssons Vorstellungstext

Diese Enthüllung von Pater Hummel hat mich total schockiert. Es ist einfach unfassbar für mich, dass Torben nicht mein Bruder sein soll. Ich hoffe sehr, dass Torben schnell wieder gesund wird. Dann kann man anhand von Bluttests klären lassen, ob die Behauptungen von Pater Hummel wahr sind. Wenn das so ist, werde ich mit meiner Frau das Haus verlassen, denn Torben ist dann Alleinerbe.
Wo dieses angebliche Testament ist, weiß ich nicht. Ich habe es nie gesehen. Hier gibt es ein paar Sachen, die ans Licht kommen müssen! Meine Frau hat ja schon darauf hingewiesen, dass es merkwürdige Überweisungen gibt, und ich will noch etwas zur Sprache bringen: Der Mercedes SL Cabrio von Tante Frieda wurde letztes Jahr gestohlen und die Versicherung hat 30 000 Euro dafür überwiesen. Ich erinnere mich, dass der Wagen damals auf ziemlich seltsame Art und Weise verschwand. Der Chauffeur Wolfgang Heise war damit in der Stadt unterwegs und ist später mit dem Taxi zurückgekommen. Er hat behauptet, der Wagen wäre ihm vor der Hauptpost gestohlen

worden. Das kam mir schon damals komisch vor, weil der Wagen alle möglichen Diebstahlsicherungen hatte. Torben hatte mir damals gesagt, dass er der Sache noch genauer nachgehen wolle, und ich glaube, dass er auch etwas herausgefunden hat.

Was Sven Johansson außerdem weiß

Von deinem übrigen Wissen kannst du nach eigenem Ermessen Gebrauch machen.
Du weißt, dass du heute Abend als Erbe natürlich zu den Hauptverdächtigen gehörst. Erst hast du Tante Frieda beerbt und wenn der Anschlag auf Torben geglückt wäre, wärst du Alleinerbe gewesen, weil Torben unverheiratet ist und noch keine Kinder hat. Das macht dich verdächtig, zumal du zurzeit einiges an Schulden hast. Du bist ins Bauträgergeschäft eingestiegen und es sind noch einige Häuser, die du vorfinanziert hast, unverkauft. Es handelt sich um einen momentanen finanziellen Engpass, nichts Ernstes. Trotzdem könnte man es als Motiv betrachten.
Du musst unbedingt versuchen, Motive bei den anderen zu finden. Deine Frau ist krankhaft eifersüchtig auf jeden Rock, und sie hat Grund dazu. Zurzeit hast du ein Verhältnis mit Marion, Torbens Freundin. Deine Frau ist Apothekerin. Vor Monaten, ihr wohntet damals noch in der alten Wohnung, war der Ersatzschlüssel für die Apotheke für ein paar Tage verschwunden. Daran kannst du dich noch gut erinnern. Später lag er plötzlich wieder an seinen Platz. An beiden Tagen, als Annette den Verlust entdeckte und als der Schlüssel wieder gefunden wurde, waren Marion und Torben zu Besuch. Sie hätten Gelegenheit gehabt, den Schlüssel zu nehmen und in der Apotheke Arsen zu stehlen. Das Ganze kann aber auch nur eine Inszenierung von Annette gewesen sein. Sie hat in der Apotheke jederzeit Gelegenheit an das Gift heranzukommen und hätte das Schlüsselmanöver einsetzen können, um andere in Verdacht zu bringen. Du kommst nicht darum herum, dich ernsthaft mit der Frage auseinanderzusetzen, ob Marion oder vielleicht sogar Annette zu einer solchen Tat fähig wären.

Marion Brengert, Gastgeberin (6)

Marion Brengerts Vorstellungstext

Ich bin Marion Brengert, Floristin in einem Blumenladen in der Stadt und die Freundin von Torben. Ich habe Tante Frieda häufig besucht und ihr auch immer ein paar Pralinen mitgebracht, die sie sehr mochte. Als Torben vor Wochen erzählte, dass es im Haus spuke, war ich sehr beunruhigt. Torben ist Künstler und sehr sensibel. Ich habe ihm vorgeschlagen, wieder in die alte Wohnung zu ziehen, denn die steht immer noch leer. Das wollte er aber nicht, weil er in Tante Friedas Haus endlich ungestört auf dem Flügel üben konnte und keine Rücksicht auf Nachbarn nehmen musste.

Katja Müller hat sich ja angeboten, wieder für uns zu arbeiten, damit Torben nicht allein im Haus ist, aber Annette war sehr dagegen. Sie wollte keine fremde Frau im Haus haben, denn sie ist sehr eifersüchtig. Ich weiß nicht, wo das Testament geblieben sein könnte. Wer weiß, ob es überhaupt stimmt, was Pater Hummel erzählt. Zu behaupten, mein Verhältnis zu Torben sei nicht mehr gut, ist eine Unverschämtheit.

Was Marion Brengert außerdem weiß

Von deinem übrigen Wissen kannst du nach eigenem Ermessen Gebrauch machen.

Liebe Marion, du bist heute Abend unsere Täterin. Du hast seit Monaten ein Verhältnis mit Sven und liebst ihn sehr. Du weißt, dass Sven zurzeit große Schulden hat. Er ist ins Bauträgergeschäft eingestiegen und hat acht Häuser auf eigene Kosten gebaut. Es sind leider erst fünf Häuser verkauft und die Schulden drücken ihn sehr. Tante Frieda hatte Geld, Sven und Torben waren die Erben. Also hast du Tante Frieda mit präparierten Pralinen langsam aber stetig vergiftet. Du wusstest, dass sie niemals zum Arzt gehen würde. Sie schwor einzig und alleine auf Homöopathie. Das Arsen hast du dir in der Apotheke, in der Annette arbeitet, besorgt. Du hast vor Monaten Annettes Apothekenschlüssel entwendet und bist nachts in die Apotheke eingedrungen. Dort hast du eine ansehnliche Menge Arsen gestohlen. Damit es nicht auffällt, hast du die Flasche mit weißem Süßstoffpulver wieder aufgefüllt. Zwei Tage später hast du den

Schlüssel bei einem erneuten Besuch bei Annette und Sven wieder an seinen Platz gelegt. Das Testament hast du ebenfalls gestohlen. Du wusstest, wo Tante Frieda es aufbewahrt. Du hast es gelesen und so erfahren, dass Frieda die Mutter von Torben ist und Pater Hummel sein Vater. Torben wäre demnach der rechtmäßige alleinige Erbe gewesen und Sven hätte gar nichts bekommen. Darum hast du das Testament verbrannt. Du hattest Angst, dass die Wahrheit eines Tages doch noch herauskommt, daher sollte Torben auch sterben. Sven wäre in diesem Fall Alleinerbe gewesen. Sicher hätte er Annette dann endlich verlassen und dich geheiratet. Das hast du zumindest gehofft. Versuche, den Verdacht auf Annette zu lenken. Sie hat als Apothekerin Zugang zu Arsen und könnte ebenfalls aus Geldgier gehandelt haben, denn sie ist durch Sven ebenfalls Nutznießerin des Geldes von Tante Frieda.

Gastrolle, Begleiter von Pater Hummel

Vorstellungstext des Gastes

Ich bin heute Abend in Begleitung von Pater Hummel zu dieser Versammlung gekommen. Der Pater wollte sich nicht allein mit einem so verzwickten Fall auseinandersetzen.

Da du dich nicht auf eine eigene Rolle konzentrieren musst, hast du den Kopf frei und kannst besonders gut hinhören und aufpassen!

Der Guru

Ein Mitspielkrimi für 8–10 Personen

Mitspieler

Liane Eibert, Zahnärztin, Gastgeberin
Amelie Eibert, Tochter von Liane Eibert
Jonas Maier, Freund von Amelie
Christiane Müller, Bürgermeisterin, Ermittlerin in diesem Spiel
Knut Struck, Bauunternehmer und Mitglied im Gemeinderat
Claudia Schmidtke, Hausfrau
Marietta Steffens, Schneiderin
Wilbert Sauer, Tankstellenpächter
Gastrollen, Bürger aus Berlau

Hinweise und Tipps zum Ablauf

Wie Sie einen Mitspielkrimi planen und durchführen, haben Sie schon im Einleitungskapitel gelesen. Hier zur Erinnerung am Rand noch einmal das Symbol mit der Web-Adresse, bei der Sie Einladung und Rollentexte herunterladen können.

Besonderheiten: Wir sind im Mitgliederzentrum der „Kinder des Mondes", einer modernen Sekte, und schlagen vor, mit gedämpftem Licht, Kerzen, Räucherstäbchen und esoterischer Musik für entsprechende Stimmung zu sorgen. Je nach Alter der Mitspieler können Sie auch Sitzkissen verteilen und die Ermittlungen im Schneidersitz auf dem Boden durchführen. Servieren Sie starken schwarzen Tee in Gläsern und reichen Sie Gebäck dazu.

Vor dem Lesen der Geschichte werden die Schilder mit den Rollennamen an die Mitspieler verteilt, damit jeder weiß, welche Rolle er spielt, und bei den für ihn wichtigen Passagen besonders aufmerksam ist.

Erst nachdem die Geschichte des Verbrechens vorgelesen wurde, erhalten die Mitspieler ihre Rollentexte. Jeder Mitspieler sollte während des Vorlesens und bei den Aussagen der einzelnen Gäste gut zuhören und sich eventuell Notizen machen.

Die Einladung

Hallo ....,
in Berlau, einem kleinen Städtchen irgendwo in Deutschland, hat sich ein selbsternannter Guru namens Rasput Monti mit seinen Anhängern, den Kindern des Mondes, niedergelassen. Als das neue Mitgliederzentrum der Sekte eingeweiht wird, geschieht ein Mord! Wir könnten deine Hilfe bei der Aufklärung der scheußlichen Tat gut gebrauchen und nehmen die Ermittlungen am .... um .... Uhr bei .... auf.
Wir freuen uns auf einen unterhaltsamen und spannenden Abend!

Das ist passiert

In der kleinen Stadt Berlau herrscht große Aufregung. Vor einem Jahr hat sich in einem großen Haus am Stadtrand der selbsternannte Guru und Heiler Rasput Monti niedergelassen. Er lebt dort mit seiner Anhängerschar, die sich „Kinder des Mondes“ nennen. Diese Kinder des Mondes sieht man in ihren langen blauen Gewändern fast täglich in der Berlauer Fußgängerzone. Sie singen und musizieren, verteilen Flyer und werben für ihre Veranstaltungen. Es handelt sich zweifellos um eine Sekte, und die Berlauer sind sich in ihrer Meinung über die neuen Bürger ihres Städtchens ganz und gar nicht einig. Einige halten die Glaubensbrüder für gefährlich, weil sie auf Jugendliche und alte Menschen einen schädlichen Einfluss ausüben.

Regelmäßig werden die blauen Gestalten im Jugendcafe der Stadt oder im Altenstift gesehen. Es gibt keine konkreten Beschwerden, aber aufmerksame Bürger sehen den Einfluss der Gruppe auf Jugendliche und Alte mit großer Sorge. Andere sehen in Rasput Monti und den Kindern des Mondes freundliche und harmlose Spinner, die sich für das Gemeinwohl engagieren und niemandem etwas tun.

Vor sechs Monaten hatte Rasput Monti beim Gemeinderat den Antrag gestellt, in Berlau ein großes Mitgliederzentrum zu bauen. Das Grundstück, das der Guru dafür ins Auge gefasst hat, ist an Wilbert Sauer, den Betreiber der einzigen Berlauer Tankstelle, verpachtet, der dort auch eine kleine Werkstatt betreibt. Rasput Monti hatte dem Gemeinderat erklärt, dass der Bau Aufträge für die Berlauer Handwerker bringen und durch den anschließenden Besucherstrom von Anhängern aus allen Erdteilen das Wirtschaftsleben der kleinen Stadt deutlich beleben würde. Diese Aussichten haben die Politiker der Stadt, gegen den Widerstand der Bürgermeisterin Christiane Müller, dazu veranlasst, dem Antrag stattzugeben. Wilbert Sauers Pachtvertrag wurde gekündigt und das Grundstück für 300 000 Euro an Rasput Monti verkauft. Sauer hat nur sechs Monate Zeit, einen neuen Platz für seine Werkstatt und seine Tankstelle zu suchen, dann muss er das Grundstück räumen.

Er ist aber nicht der einzige Bürger, der Wut auf die Sekte hat. Amelie, die Tochter der Berlauer Zahnärztin Liane Eibert, ist vor drei Wochen ins das Haus der Kinder des Mondes gezogen. Sie hatte gemeinsam mit ihrem Freund Jonas an einem Informationsabend der Gruppe teilgenommen. Ein paar Tage später ist Amelie Eibert mit ein paar Habseligkeiten zu Rasput Monti gegangen, hat um Aufnahme in die Sekte gebeten und jeden Kontakt zu ihren Eltern abgebrochen. Auch mit ihrem Freund Jonas hat sie seitdem nicht mehr gesprochen. Ihr Jurastudium hat sie abgebrochen und ist nicht mehr an der Universität erschienen. Da Amelie 22 Jahre alt ist, haben die Eltern keine rechtliche Handhabe, sie zurückzuholen.

Claudia Schmidtke ist ebenfalls nicht gut auf die Kinder des Mondes zu sprechen. Sie ist eine direkte Nachbarin des Hauses der Sekte und bezeichnet sich als Geschädigte der Gruppe. Rasput Monti hatte ihre Mutter Erna regelmäßig im Altenheim besucht. Als Erna vor vier Wochen starb, stellte sich heraus, dass sie das Elternhaus von Claudia und eine große Geldsumme an die Kinder des Mondes vererbt hatte. Das Testament wurde notariell beglaubigt. Claudia Schmidtke soll nur noch einen Pflichtteil erben, weil sie sich angeblich nicht ausreichend um ihre Mutter gekümmert hat. Die Tochter ist empört und stellt Überlegungen an, das Testament anzufechten.
In einer Bürgerstunde erfährt Christiane Müller von diesen Vorfällen, sieht sich aber außerstande, konkret einzugreifen. Das Grundstück ist verkauft und die Baugenehmigung für das neue Mitgliederzentrum wurde bereits erteilt. Es sieht nicht so aus, als würde man die Kinder des Mondes in absehbarer Zeit wieder los.

Ein halbes Jahr später

Rasput Monti stellt bei der Berlauer Polizei Strafanzeige gegen unbekannt. Er wurde vor seinem Haus von zwei vermummten Personen angehalten und verprügelt. Weitere zwei Wochen später stellt er erneut Strafanzeige wegen Sachbeschädigung. An seinem Wagen wurden die Reifen zerstochen und sein Haus wurde zwei Nächte später mit roten Farbbeuteln beworfen. Die Berlauer Polizei ermittelt, kann aber den oder die Täter nicht ausfindig machen. Rasput Monti ist seitdem sehr vorsichtig und verlässt das Haus nur noch in Begleitung.

1 Jahr später

Die Kinder des Mondes laden die Bürger von Berlau zur Einweihung des neuen Mitgliederzentrums ein. Liane Eibert und Jonas Maier können es kaum abwarten, die Räume der Kinder des Mondes zu betreten. Seit einem Jahr warten sie nun darauf, Amelie wiederzusehen. Sie hat nur ein einziges Mal telefonisch

Kontakt mit ihrer Mutter gehabt, als diese bei der Polizei Anzeige wegen Freiheitsberaubung erstattete. Amelie hat den Polizisten gegenüber ausgesagt, freiwillig bei Rasput Monti und den Kindern des Mondes zu leben, und nur auf ausdrückliche Bitte der Polizei hat sie zu Hause angerufen und sich kurz mit der Mutter unterhalten. Bei Jonas Maier hat sie sich nicht mehr gemeldet.

Christiane Müller, die Bürgermeisterin, ist mit Knut Struck, ihrem Stellvertreter, zur Einweihung gekommen. Knut Struck hat seinerzeit den Bau des Mitgliederzentrums befürwortet. Er besitzt eine große Baufirma und hatte sich Aufträge für sein Unternehmen sowie für die Berlauer Handwerker davon versprochen. Aber keine einzige Berlauer Firma wurde bei der Vergabe der Aufträge berücksichtigt. Gebaut wurde ausschließlich von ausländischen Firmen.

Claudia Schmidtke ist ebenfalls gekommen. Sie hat den Prozess um das Testament ihrer Mutter in erster Instanz verloren. Sie überlegt zurzeit, ein zweites Verfahren anzustrengen, wird aber vermutlich aus finanziellen Gründen darauf verzichten. Sie kommt heute Abend in Begleitung von Marietta Steffens, einer Schneiderin aus dem Ort. Die Mutter von Marietta Steffens wird neuerdings häufig von Rasput Monti und seinen Anhängern im Altenheim besucht. Sie hat ihrer Tochter nun eröffnet, dass sie in ein Gästezimmer des neuen Mitgliederzentrums umziehen möchte, da man sich dort viel besser um sie kümmern würde als im Altenheim.

Wilbert Sauer hat sich auch unter die Gästeschar gemischt. Er hat noch kein neues Grundstück für seine Tankstelle und Werkstatt finden können, obwohl der Gemeinderat ihn nach Kräften unterstützt.

Die rund 70 Besucher des Abends werden in einen großen Saal geleitet. Er ist in dunklem Blau ausgestattet, eine Lichtanlage wirft hunderte von Monden an die Decke. Unzählige Räucherstäbchen stecken in blauen sandgefüllten Schalen und aus den Lautsprechern klingt meditative Musik. Gegen 20.00 Uhr er-

scheint Rasput Monti im Versammlungssaal. Er wird von zwei sehr kräftigen Anhängern abgeschirmt, die niemanden näher als einen Meter an ihn heranlassen. Er begrüßt die Besucher über ein Mikrofon und stimmt danach einen unverständlichen Singsang an. Seine Anhänger fallen ein und der Raum ist minutenlang von dem Gesang und dem Gemurmel der Kinder des Mondes erfüllt.

Liane Eibert und Jonas Maier konnten Amelie noch nicht entdecken. Die Kinder des Mondes sehen sich alle sehr ähnlich. Sie tragen blaue lange Gewänder und blaue Tücher um dem Kopf, die die Haare verbergen. Auf Tabletts werden kleine Becher mit Tee und Gebäck gereicht.

Nach der Begrüßung zieht sich der Meister wieder in seine Privaträume zurück. Fragen an ihn sind nicht möglich. Die Besucher sind nun sich selbst überlassen und können sich an ausgestellten Tafeln über die Arbeit von Rasput Monti und seinen Anhängern informieren. Sehr aussagekräftig sind die Tafeln nicht und auch umsehen darf man sich im neuen Mitgliederzentrum nicht. Der Zutritt zu den anderen Räumen ist untersagt. Vor jeder Türe ins Innere des Hauses stehen Mondkinder Wache und lassen keinen Fremden durch.

Trotz dieser Maßnahmen scheint es, als habe einer der Besucher eine Möglichkeit gefunden, die Sperren zu umgehen, denn Rasput Monti überlebt diesen Abend nicht. Gegen 22.15 Uhr wird die Polizeidienststelle Berlau informiert, dass Rasput Monti tot in seinem Arbeitszimmer liegt.

Ausgerechnet Amelie Eibert hat ihn gefunden, als sie dem Meister wie jeden Abend den Tee bringen wollte. In einer der Gästetoiletten, die dem Publikum zugänglich waren, wird ein blaues Gewand und ein blaues Kopftuch ordentlich zusammengelegt neben der Toilettenschüssel gefunden. Eine Mitarbeiterin des Gurus erklärt, dies sei kein Originalkleid, sondern eine Kopie. Helft mit, den oder die Täter zu finden. Die Ermittlungen heute Abend wird die Bürgermeisterin Christiane Müller leiten.

Die einzelnen Rollen

Christiane Müller, Bürgermeisterin, Ermittlerin im Spiel

Die Gastgeberin hat dich als Ermittlerin ausgesucht, weil sie der Meinung ist, dass du gut kombinieren, unangenehme Fragen stellen und den Dingen auf den Grund gehen kannst. Wenn vorhanden, nutze die Tafel oder das große Papier. Hier kannst du zusammentragen, was in der Vorstellungsrunde oder auch später noch von den Mitspielern gesagt wird.

Christiane Müllers Vorstellungstext

Ich bin Christiane Müller und Bürgermeisterin von Berlau. Ich habe mich seinerzeit gegen den Verkauf des Grundstücks und gegen die Baugenehmigung für das Mitgliederzentrum dieser Sekte ausgesprochen. Leider wurde ich damals im Gemeinderat überstimmt. In den letzten Wochen gab es viele Beschwerden über Rasput Monti und seine Anhänger, aber ich konnte rein rechtlich nichts gegen die Bewegung unternehmen.

Bis heute ist nicht geklärt, wer den Guru vor ein paar Wochen vor seinem Haus verprügelt, wer ihm die Autoreifen zerstochen und wer ihm die Farbbeutel ans Haus geworfen hat. Die Polizei vor Ort hat sich bemüht, aber es gab kaum verwertbare Hinweise. Zeugen haben sich nicht gemeldet.

Heute Abend wurde der Guru zwischen 21 und 22 Uhr ermordet. Als Bürgermeisterin bin ich sehr an der Aufklärung dieses Mordes interessiert und habe daher die Ermittlungen übernommen. Schon im Vorfeld hatte ich Anlass, Auskünfte über die Person Rasput Monti einzuholen. Sein ursprünglicher Name ist Johannes Statz. Er war Installateur in Berlin. Durch seine spirituelle Ausstrahlung scharte sich vor einigen Jahren eine Gruppe Jugendlicher um ihn, die schnell größer wurde. Er nahm einen neuen Namen an und nannte seine Anhänger Kinder des Mondes. Unter dem Vorwand, alten und einsamen Menschen Zuwendung und geistig-spirituelle Betreuung anzubieten, besuchten die Mitglieder der Gruppe Altenheime und überzeugten dort eine Reihe von Bewohnern, ihre Testamente zugunsten der Kinder des Mondes zu ändern. Auf diese Art und Weise kamen beträchtliche

Geldmittel zusammen. Die Berliner Staatsanwaltschaft wurde auf die Gruppe aufmerksam und nahm Ermittlungen wegen Erbschleicherei auf. Dem zu entgehen ist die Gruppe nach Berlau gekommen. Leider habe ich all dies erst in den letzten Wochen erfahren. Nun bitte ich die Anwesenden, mir bei der Aufklärung des Mordes behilflich zu sein.

Was Christiane Müller außerdem noch weiß

Rasput Monti wurde in seinem Arbeitszimmer mit einer Pistole erschossen. Fingerabdrücke gab es nicht. Die Waffe wurde abgewischt. Sie war auf ihn selbst angemeldet, das heißt, der Mörder muss sie ihm vor der Tat entwendet haben. Das spricht dafür, dass es sich um eine spontane Tat handelte. Vielleicht wollte der Mörder den Guru nur zur Rede stellen und es kam zu einem Handgemenge.
Es haben sehr viele Menschen in Berlau ein Motiv, Rasput Monti zu auszuschalten. Hör bei der Vorstellungsrunde genau hin und mach dir Notizen.
Achtung! In diesem Mitspielkrimi haben wir eine Falle für den Täter eingebaut, von der allerdings nicht klar ist, ob sie funktioniert. Wir haben im Text der Geschichte nicht erwähnt, wie Rasput Monti ermordet wurde. Das kann also nur der Mörder wissen. Solltest du von den Mitspielern nach der Todesart gefragt werden, sagst du, dass du dies aus ermittlungstaktischen Gründen nicht sagen kannst. Vielleicht fällt im Laufe des Abends das Stichwort „erschossen". Damit könnte sich der Mörder verraten. Stelle ihn bitte nicht direkt zur Rede, sondern spiele das Spiel weiter mit. Wenn die Ermittlungen abgeschlossen sind, trage noch einmal laut vor, was ihr ermittelt habt.
Zum Schluss der Ermittlungen schreibt jeder Mitspieler auf, wen er für den Täter hält, und vor allem, warum.

Knut Struck, Bauunternehmer und Mitglied im Gemeinderat

Knut Strucks Vorstellungstext

Ich bin Knut Struck, Bauunternehmer und Mitglied des Gemeinderats. Ich habe seinerzeit Rasput Montis Bauantrag und den Verkauf des Grundstückes an ihn im Rat befürwortet. Natürlich habe ich mir Aufträge davon versprochen. Auch die Berlauer Handwerker sollten

profitieren. Leider kam es ganz anders. Niemand aus Berlau hat eine Einladung zur Ausschreibung für die Baumaßnahmen erhalten. Der ganze Bau wurde mit Handwerken und Firmen aus dem Ausland hochgezogen.
Ich habe mehrere Male versucht, mit Rasput Monti ein Gespräch darüber zu führen. Er hat sich immer verleugnen lassen. Heute Abend wollte ich die Gelegenheit nutzen und ihn ansprechen, aber er ist mir wieder entwischt. Mir ist heute Abend auch aufgefallen, dass Amelie kurz mit ihrer Mutter gesprochen hat, das war um ca. 20.45 Uhr. Später hat dann Jonas Maier mit Amelie gesprochen. Sie bewachte wohl eine der Türen und hat ihn sehr laut weggeschickt und ihm gesagt, er solle nicht mehr wiederkommen. Das war kurz vor 22.00 Uhr. Meine Verlobte, Marietta Steffens, war heute Abend auch mit im Zentrum. Wir haben uns gegen 22.00 Uhr auf den Nachhauseweg gemacht und die ganze Aufregung über das Auffinden der Leiche im Zentrum also nicht mehr miterlebt. Mehr kann ich im Moment nicht dazu sagen.

Was Knut Struck außerdem weiß

Von deinem übrigen Wissen kannst du nach eigenem Ermessen Gebrauch machen.
Deine Verlobte Marietta und du, ihr habt beide allen Grund zum Ärger auf Rasput Monti. Mariettas Mutter will in das neue Haus der Gemeinschaft ziehen und Marietta macht sich deswegen große Sorgen. Du hast in der Hoffnung auf die versprochenen Aufträge für das Mitgliederzentrum 120 000 Euro in neue Baumaschinen investiert. Nun sitzt du auf einem Berg von Schulden. Du wolltest den Guru heute Abend unbedingt sprechen und zur Rede stellen. Leider ist es dir wieder nicht gelungen. Er kam nur kurz in den großen Saal, um dann sofort wieder zu verschwinden. Vor jeder Tür, die ins Innere des Zentrums führt, stand eines dieser blau gekleideten Mondkinder Wache. Marietta, deine Verlobte, hat in der letzten Woche ein blaues Gewand, sehr ähnlich dem, welches die Kinder des Mondes tragen, genäht. Sie hat dir nicht gesagt, für wen sie das Kleidungsstück angefertigt hat. Du nimmst aber an, dass es das

Gewand ist, das heute auf der Toilette gefunden wurde. Pass gut auf, was heute Abend gesagt wird. Vielleicht verrät sich der Mörder.

Marietta Steffens, Schneiderin

Marietta Steffens' Vorstellungstext

Ich bin Marietta Steffens und habe eine Änderungsschneiderei. Ich bin mit Knut Struck, dem Bauunternehmer, verlobt.
Meine Mutter Maria Steffens lebt in einem Altenheim in Berlau. Bisher hat sie sich dort sehr wohl gefühlt. Vor ein paar Wochen habe ich erfahren, dass Kinder des Mondes sie regelmäßig besuchen, und nun hat sie mir bei meinem letzten Besuch gesagt, dass sie umziehen möchte in das neue Mitgliederzentrum, dort gäbe es Gästezimmer. Es ist mir klar, dass diese Leute es auf das Geld meiner Mutter abgesehen haben. Sie ist sehr vermögend. Leider konnte ich meiner Mutter die Sache nicht ausreden. Sie hat ihren Vertrag im Heim schon gekündigt und will im nächsten Monat umziehen. Ich wollte deshalb heute Abend mit Rasput Monti sprechen, konnte aber nicht an ihn herankommen. Ich habe beobachtet, dass Jonas Maier mit Amelie gesprochen hat. Das war schon etwas später am Abend, kurz bevor wir gegangen sind. Amelie stand vor einer der bewachten Türen, sie hat ihn weggeschickt und ihm ziemlich laut nachgerufen, er solle nicht mehr wiederkommen. Gegen 22.00 Uhr war ich mit meinem Verlobten schon auf dem Heimweg. Wir haben also nichts von der Aufregung wegen dem Mord mitbekommen.

Was Marietta Steffens außerdem noch weiß

Von deinem übrigen Wissen kannst du nach eigenem Ermessen Gebrauch machen.
Du, liebe Marietta, hast allen Grund, in Sorge zu sein. Du fürchtest, dass es dir gehen wird wie Claudia Schmidtke, und du bist sehr hilflos, denn deine Mutter ist bei klarem Verstand. Vor einigen Wochen hat Jonas Maier dich aufgesucht und dich gebeten, ein Gewand für ihn zu nähen, das genauso aussehen sollte wie die Gewänder der Kinder des Mondes. Du bist in die Fußgängerzone gegangen und hast dir diese Gewänder angesehen. Es war recht einfach für dich, eine Kopie in Jonas Größe

anzufertigen. Er hat dir nicht gesagt, was er vorhat und du hast auch nicht gefragt.
Am Mordabend hast du gesehen, dass Wilbert Sauer versucht hat, an einer der Türwachen vorbei zu kommen. Es gab einen Streit und Wilbert wurde aus dem Haus gewiesen. An dem Abend, als der Guru vor seinem Haus verprügelt wurde, hast du Wilbert Sauer ganz in der Nähe gesehen. Er gab sich große Mühe, unauffällig zu verschwinden, aber du kennst ihn schon sehr lange und weißt, dass er es war. In seiner Begleitung war Jonas Maier und du nimmst an, dass die beiden dem Erleuchteten eine Abreibung verpasst haben. Das kannst du heute Abend ruhig ansprechen.

Wilbert Sauer, Tankstellenpächter

Wilbert Sauers Vorstellungstext

Ich heiße Wilbert Sauer. Bis vor einem Jahr hatte ich mein Auskommen. Meine Tankstelle und meine Werkstatt liefen ganz gut. Dann ist dieser Rasput Monti aufgetaucht, hat das Tankstellengrundstück gekauft und meine Existenz zerstört. Die gewählten Politiker dieser Stadt haben das nicht verhindert, nein, sie haben ihm sogar noch dabei geholfen! Das ist eine Ungeheuerlichkeit und kaum zu glauben! Jetzt haben sich diese Mondkinder als Erbschleicher entpuppt und Berlau hat sie am Hals!
Ich habe noch kein neues Grundstück gefunden. Für eine Autowerkstatt und eine Tankstelle gelten besondere umwelttechnische Bestimmungen, da ist das nicht so einfach. Zurzeit lebe ich von meinen Ersparnissen und wahrscheinlich werde ich aus Berlau weggehen.
Es tröstet mich wenig, dass es noch mehr Geschädigte gibt. Der Knut Struck zum Beispiel hat jetzt einen Haufen Schulden. Er hat Baumaschinen ohne Ende gekauft und nicht einen Auftrag bekommen. Da ist er selbst schuld. Er hat die Pläne von diesem Möchtegernguru ja unterstützt. Dieser Rasput Monti hat allen nur Unglück gebracht. Ich habe Verständnis für Leute wie die, die den Guru verkloppt, ihm die Reifen zerstochen und sein Haus mit Farbe beworfen haben. Leider hat ihn das nicht aus der Stadt vertrieben. Am Mordabend haben die Mondkinder mich gegen 21.00 Uhr an die frische Luft befördert.

Von deinem übrigen Wissen kannst du nach eigenem Ermessen Gebrauch machen.

Was Wilbert Sauer außerdem weiß

Du hast gemeinsam mit Jonas Maier den Überfall auf den Meister verübt und ihn verprügelt. Dabei habt ihr euch sehr zurückgehalten und aufgepasst, dass ihr ihn nicht ernsthaft verletzt. Es sollte eine Abreibung sein, damit er aus Berlau verschwindet. Die Farbbeutel hast du nicht geworfen. Dies war Claudia Schmidtke. Das weißt du so genau, weil du sie gesehen hast. Du hast hinter einem Baum gestanden und das Haus beobachtet. Du wolltest feststellen, was die Kinder des Mondes so treiben und ob man ihnen vielleicht eine Straftat nachweisen kann. Plötzlich kam Claudia Schmidtke vorbei und warf sechs Farbbeutel an die Wand des Meisters. Du hast dich sehr darüber amüsiert. Am Abend des Mordes hast du versucht, eine der Türbarrieren zu überwinden, aber die Kinder des Mondes haben dich hinausgeworfen. Dann hast du versucht, durch eines der Fenster einzubrechen, aber auch hier gab es keine Chance. Auf dem Hof hast du Liane Eibert gesehen. Sie schien auch auf der Suche nach einem zweiten Eingang zu sein. Du hast dir nichts weiter dabei gedacht und bist unverrichteter Dinge wieder nach Hause gefahren.

Claudia Schmidtke, Hausfrau

Claudia Schmidtkes Vorstellungstext

Ich heiße Claudia Schmidtke und bin eine Geschädigte von Rasput Monti. Er hat meine Mutter so weit gebracht, ihn als Haupterben einzusetzen. Einen Prozess in dieser Sache habe ich schon verloren und einen zweiten kann ich mir nicht leisten.

Heute Abend habe ich versucht, zu Rasput Monti vorzudringen, und bin tatsächlich bis hinter eine der Türen gekommen. Da hat mich dann ein blaues Mondkind gestoppt und zurückgebracht. Es war ausgerechnet Amelie Eibert. Sie hat sich sehr verändert und hat auf mich irgendwie einen völlig verstörten Eindruck gemacht. Wahrscheinlich hat der Guru sie einer Gehirnwäsche unterzogen. Anders kann ich mir nicht erklären, warum eine junge Frau wie Amelie in dieser Sekte lebt. Wilbert Sauer ist mir heute auch mehrmals aufgefallen. Er hat sich

mit den Türwächtern angelegt und wurde gegen 21.00 Uhr rausgeschmissen. Kurz danach habe ich ihn dann noch im Hof gesehen. Ich hatte den Eindruck, dass er nach einer Möglichkeit Ausschau hielt, ins Haus einzusteigen. Ob er es geschafft hat, weiß ich nicht.
Dann ist mir noch aufgefallen, dass Liane Eibert einige Zeit nicht zu finden war. Ich habe sie gesucht, weil ich sie wegen einer Zahnbehandlung noch etwas fragen wollte. Sie war ca. 20 Minuten nirgends zu finden, also etwa von 21.00 Uhr bis 21.20. Auf der Toilette war sie nicht, dort habe ich nachgesehen.
Als die Polizei dann kam und wir alle erfuhren, dass der Guru ermordet worden ist, war ich vorne im Saal und habe Tee getrunken. Mehr kann ich im Augenblick nicht dazu sagen.

Was Claudia Schmidtke außerdem weiß

Von deinem übrigen Wissen kannst du nach eigenem Ermessen Gebrauch machen.
Fast hattest du es geschafft, am heutigen Abend zu diesem Rasput vorzudringen, da hat Amelie Eibert dich auf dem Flur gesehen und aufgehalten. Sie hat sehr verstört auf dich gewirkt. Sie hat dich ziemlich unsanft wieder hinaus in den Saal gebracht. Du kannst dir das nicht erklären, früher war sie so ein nettes Mädchen. Wenig später kam dann auch schon die Polizei.
Du hast vor Wochen nachts die Farbbeutel an das Haus von Rasput Monti geworfen. Es war einige Tage, nachdem er verprügelt worden ist. Du hattest wegen des verlorenen Prozesses so eine Wut auf den Mann, dass du es einfach tun musstest. Es kann sein, dass dich jemand beobachtet hat. Du wirst es also vielleicht zugeben müssen.
Du bist aber nicht die Einzige, die Rasput Schaden zufügen wollte. Liane Eibert hat die Reifen von Rasputs Wagen zerstochen. Dabei hast du sie durch Zufall beobachtet. Sie hat sich eines Abends vor das Anwesen geschlichen und die Reifen mit einem langen Küchenmesser traktiert. Du hast im Auto vor dem Haus des Gurus gesessen, weil du ihn abpassen wolltest, um ein Gespräch über das Erbe deiner Mutter zu führen. Dabei hast du Liane dann beobachtet.

Jonas Maier, Freund von Amelie

Jonas Maiers Vorstellungstext

Ich bin Jonas Maier und studiere Jura. Amelie Eibert war bis vor einem Jahr meine Freundin. Dann waren wir zusammen auf einem Informationsabend bei den Kindern des Mondes. Ich mache mir jetzt Vorwürfe, denn es war meine Idee, zu diesem Abend zu gehen. Ich war neugierig und wollte nur mal hören, was bei denen so abgeht. Danach war Amelie wie verklärt und ist wenig später in das Haus von diesem Rasput Monti gezogen. Seitdem hatte ich sie nicht wieder gesehen. Bis gestern Abend, da stand sie plötzlich an einer der Türen vor mir. Sie war sehr abweisend und sie hat mir ziemlich laut gesagt, dass ich gehen und nicht wiederkommen solle. Ich wollte mich mit ihr verabreden, um mit ihr zu reden, aber sie hat abgelehnt. Ich bin dann mit dem Fahrrad nach Hause gefahren. Das war so gegen 22.00 Uhr. Als die Polizei kam, war ich schon nicht mehr in dem Haus. Erst durch den Anruf und die Mitteilung, dass ich noch einmal hierher kommen sollte, habe ich von dem Mord erfahren.

Was Jonas Maier außerdem weiß

Von deinem übrigen Wissen kannst du nach eigenem Ermessen Gebrauch machen.
Du hast, gemeinsam mit Wilbert Sauer, den Guru verprügelt. Das ist schon monatelang her und viel gebracht hat es auch nicht. Die Hoffnung, dass er danach die Stadt verlässt, hat sich nicht erfüllt. Mit den Farbbeuteln und der Reifenstecherei hast du aber nichts zu tun. Außerdem hast du bei der Schneiderin Marietta Steffens vor einigen Wochen ein Gewand bestellt, das genauso aussehen sollte, wie die Gewänder der Kinder des Mondes. Du hattest es gestern Abend dabei, denn du bist mit der Absicht zu diesem Abend gekommen, dich unter die Sektenmitglieder zu mischen, um nach Amelie zu suchen. Du hast das blaue Gewand in der Toilette angezogen und konntest in dieser Verkleidung tatsächlich ungehindert in das Innere des Mitgliederzentrums gelangen. Das war gegen 21.30 Uhr. Niemand hat dich erkannt. Zufällig hast du auch gleich das Zimmer von Rasput Monti gefunden. Der Guru lag tot am Boden und Amelie stand neben ihm. Sie war völlig durcheinander und

hat geschworen, dass sie ihn nicht getötet hat. Damit keiner von euch in Verdacht gerät, seid ihr beide schnell zurückgelaufen. Du hast dich in der Toilette wieder umgezogen und ihr beide habt das Treffen vor der Tür publikumswirksam inszeniert. Kurz darauf ist sie dann zurückgegangen, um ihn erneut aufzufinden und die Polizei zu benachrichtigen. Du weißt nicht, wer den Guru getötet hat und du glaubst Amelie, dass sie es nicht war. Sie hat dir versprochen, die Sekte zu verlassen und nach Hause zu kommen. Darüber bist du sehr froh.

Liane Eibert, Zahnärztin, Gastgeberin

Liane Eiberts Vorstellungstext

Ich bin Liane Eibert, Zahnärztin und die Mutter von Amelie. Amelie ist vor einem Jahr zu dieser Sekte ins Haus gezogen. Wir hatten seitdem keinen Kontakt außer einmal per Telefon. Heute Abend habe ich aber mit Amelie gesprochen. Sie stand als Wächterin vor einer der Türen, die ins Innere des Hauses führen. Es war ein gutes Gespräch. Amelie hat gesagt, sie würde uns bald zu Hause besuchen. Sie war sehr verändert, aber ich bin sicher, dass sie nun zur Vernunft kommt. Später am Abend hat Amelie auch noch mit Jonas gesprochen, aber das Gespräch war wohl nicht so positiv. Sie hat ihn richtig angeschrien, dass er gehen solle. Ich weiß wirklich nicht, was mit ihr los ist. Sie scheint völlig durcheinander zu sein. Diese Sekte sollte schnellstens aus Berlau verschwinden. Jetzt, wo der Guru tot ist, hoffe ich, dass dieser Albtraum bald zu Ende ist.

Was Liane Eibert außerdem weiß

Von dem, was du darüber hinaus weißt, kannst du nach eigenem Ermessen Gebrauch machen.
Du hast ein schweres Jahr hinter dir. Deine Tochter ist dieser Sekte verfallen und du konntest nichts dagegen tun. Vor Wochen hast du, in einer Art Wutanfall, die Reifen des Gurus zerstochen. Vielleicht bist du dabei gesehen worden. In diesem Fall kannst du es ruhig zugeben.
Du hast Amelie heute Abend, etwa gegen 20.45 Uhr, kurz gesprochen. Sie wirkte sehr durcheinander und hat dir gesagt, dass sie Heimweh hat und nach Hause kommen möchte. Du

wolltest sie gleich mitnehmen, aber Amelie erklärte dir, der Meister habe ihr den Fortgang aus dem Zentrum verboten und sie müsse ihn erst um Erlaubnis fragen. Offensichtlich hatte sie Angst vor ihm. Sie war nicht zu bewegen, dieses Haus mit dir zu verlassen. Du bist sehr böse geworden und hast versucht, ins Innere des Hauses einzudringen. Amelie und noch andere Blaukittel haben dich nicht durchgelassen.

Du hast dann nach einem anderen Weg gesucht und auch tatsächlich einen Eingang über eine Kellertreppe gefunden. Sie führte vom Hof direkt ins Innere des Zentrums. Du hast das Zimmer von Rasput Monti gefunden und bist hineingegangen. Er war allein und mehr als überrascht, als du plötzlich vor ihm gestanden hast. Du hast ihm gesagt, er sei ein Erbschleicher und er würde die jungen Leute einer Gehirnwäsche unterziehen. Dann hast du gedroht, ihn anzuzeigen und zu vernichten. Rasput Monti hat nur gelacht. Im Laufe des Gesprächs zog er plötzlich eine Waffe aus einer Schublade. Er hielt sie dir hin und sagte, du sollest über ihn richten, wenn du ihn für schuldig hieltest. Du hast die Waffe genommen und auf ihn gezielt. Natürlich hast du angenommen, dass sie nicht geladen ist. Du hast es für einen Trick von ihm gehalten, und du wolltest ihm beweisen, dass du ihn tatsächlich umbringen würdest, wenn du es könntest. Also hast du ohne Vorwarnung abgedrückt. Es fiel ein Schuss und der Guru sank tot zu Boden. Dein Entsetzen war unbeschreiblich. Du hast geistesgegenwärtig die Fingerabdrücke an der Waffe abgewischt, sie auf den Boden fallen lassen und bist so schnell wie möglich auf dem gleichen Weg, auf dem du gekommen bist, zurückgelaufen. Das Ganze hat ungefähr 20 Minuten gedauert. Dann hast du dich wieder unter die anderen Gäste gemischt.

Es war ein bedauerlicher Irrtum, du hast ihn wirklich nicht töten wollen. Es tut dir auch sehr Leid, dass ausgerechnet Amelie ihn gefunden hat, aber nun lässt es sich nicht mehr ändern. Da heute Abend sehr viele Personen ein Motiv haben, kommst du vielleicht davon!

Amelie Eibert, Tochter von Liane Eibert

Amelie Eiberts Vorstellungstext

Ich bin Amelie, ein Kind des Mondes. Ich bin vor einem Jahr zu meinem Meister gekommen. Endlich wusste ich, dass ich angekommen bin auf der Suche nach dem, was ich Glück nenne. Der Meister ist streng zu uns gewesen, aber auch gerecht. Wir dürfen keine irdischen Güter besitzen, aber wir brauchen auch nichts. Trotzdem habe ich mich entschlossen, wieder für einige Zeit nach Hause zu gehen, um mich einer inneren Prüfung zu unterziehen. Ich hatte den Meister um Erlaubnis gebeten, das Haus verlassen zu dürfen, aber er hat es noch nicht gestattet.

Der Abend heute war sehr schön. Ich habe meine Mutter wieder gesehen. Sie wollte mich gleich mitnehmen, aber ohne die Erlaubnis des Meisters konnte ich nicht gehen. Jonas war auch da, aber ich habe ihn weggeschickt. Es ist aus zwischen uns, damit muss er sich abfinden. Und dann war noch Claudia Schmidtke da. Ihr ist es tatsächlich gelungen, ins Innerste einzudringen, aber ich habe sie aufgehalten und hinausbefördert. Das war gegen 20.50 Uhr.

Den toten Meister habe ich um etwa 22.10 Uhr gefunden. Woran er gestorben ist, kann ich nicht sagen. Er lag einfach tot da und hat aus einer Wunde am Hals geblutet. Ich bin sofort weggelaufen, um Hilfe zu holen. Mehr kann ich im Moment nicht dazu sagen.

Was Amelie Eibert außerdem weiß

Von dem, was du darüber hinaus weißt, kannst du nach eigenem Ermessen Gebrauch machen.

Was ist heute Abend geschehen? Zunächst hast du mit deiner Mutter gesprochen. Du hast ihr gesagt, dass du bald nach Hause kommen willst und nur noch auf die Erlaubnis des Meisters wartest. Deine Mutter wollte dich sofort mit nach Hause nehmen, aber das ging nicht. Das hast du ihr auch gesagt. Sie war sehr ärgerlich und wollte es nicht einsehen.

Etwas später hast du dem Meister Tee bringen wollen, es war so gegen 20.50 Uhr. Auf dem Gang ist dir Claudia Schmidtke begegnet. Die hast du dann erst einmal wieder hinausgebracht, in den großen Saal. Einige Zeit später, etwa gegen 21.30 Uhr hast du neuen Tee geholt, weil der alte kalt geworden war. Du

bist in das Zimmer des Meisters und er lag tot da. Genau in diesem Moment kam Jonas ins Zimmer. Er hatte ein blaues Gewand an, genau wie die Kinder des Mondes. Jonas dachte, du hättest den Meister umgebracht, aber du konntest ihn überzeugen, dass es nicht so war. Damit der Verdacht nicht auf euch fällt, seid ihr beide rasch wieder nach vorne gegangen. Jonas hat sich wieder umgezogen und das Gewand in der Toilette liegen lassen. Dann habt ihr euch vor einer der Türen, die ins Innere des Hauses führen, lautstark gestritten, damit es alle hören. Jonas ist dann nach Hause gefahren. Du bist wieder zum Meister gegangen, der immer noch tot da lag. Dieses Mal hast du Alarm geschlagen.
Du fragst dich, ob Jonas schon vorher beim Meister war. Hat er ihn ermordet? Oder war es Claudia Schmidtke? Wer sagt dir, dass sie auf dem Hinweg war. Vielleicht war sie bereits auf dem Rückweg nach einer schrecklichen Tat?

Gastrolle(n), Bürger aus Berlau

Vorstellungstext des Gastes

Ich bin heute als Berlauer Bürger zur Einweihung dieses Mitgliederzentrums gekommen. Es gefällt mir nicht besonders, und ich werde auf keinen Fall Mitglied dieser Sekte. Ich bin aber gerne bereit, bei der Aufklärung dieser Tat zu helfen, und werde gut aufpassen, was die anderen aussagen.

Da du dich nicht auf eine eigene Rolle konzentrieren musst, hast du den Kopf frei und kannst besonders gut hinhören und aufpassen!

Kreuzfahrt in den Tod

Ein Mitspielkrimi für 5–7 Personen

Mitspieler

Hanna Sievers, Freundin der Ermordeten
Dr. Jörg Sievers, Zahnarzt, Gastgeber
Jasmin Schneider, Passagierin
Oskar Fehr, Ehemann der Ermordeten
Florian Meier, Steward, Ermittler in diesem Spiel
Gastrollen, Passagiere

Hinweise und Tipps zum Ablauf

Wie Sie einen Mitspielkrimi planen und durchführen, haben Sie schon im Einleitungskapitel gelesen. Hier zur Erinnerung am Rand noch einmal das Symbol mit der Web-Adresse, bei der Sie Einladung und Rollentexte herunterladen können.

Besonderheiten in diesem Mitspielkrimi:
Bitte halten Sie bei der Vorstellungsrunde die angegebene Reihenfolge ein, d.h. Hanna Sievers (1) trägt als Erste ihren Text vor, dann Jörg Sievers (2) usw. Als Letzter trägt Florian Meier seinen Text vor. Das ist bei diesem Fall sehr wichtig.

Vor dem Lesen der Geschichte werden die Schilder mit den Rollennamen an die Mitspieler verteilt, damit jeder weiß, welche Rolle er spielt, und bei den für ihn wichtigen Passagen besonders aufmerksam ist.
Erst nachdem die Geschichte des Verbrechens vorgelesen wurde, erhalten die Mitspieler ihre Rollentexte. Jeder Mitspieler sollte während des Vorlesens und auch bei den Aussagen der einzelnen Gäste gut zuhören und sich eventuell Notizen machen.

Die Einladung

Hallo ……………………,
die Bavaria II, ein Luxusliner der Extraklasse, liegt vor Malta im Hafen. Eine junge Urlauberin glaubt, während eines Landausfluges in Valetta einen längst verstorbenen Freund gesehen zu haben. Kurz darauf ist auch sie tot! Hast du Lust, diesen Fall mit uns zu lösen? Wir nehmen die Ermittlungen am ……… um ……… Uhr bei …………………… auf und würden uns freuen, wenn du uns hilfst, dieses rätselhafte Verbrechen aufzuklären.
Es grüßt dich herzlich

Das ist passiert

Das Kreuzfahrtschiff *Bavaria II* liegt bei 30 Grad im Schatten im Hafen von Valletta, der Hauptstadt der Insel Malta. Die meisten Passagiere sind auf einem Landausflug und kommen erst gegen Abend zurück. Die an Bord Gebliebenen liegen am Pool und lassen sich vom Servicepersonal verwöhnen.
Auf Deck II haben Hanna Sievers und ihr Mann Jörg unter einem Sonnendach ein Plätzchen gefunden. Gegenüber liegt Jasmin Schneider im knappen Bikini und genießt die Aufmerksamkeit der männlichen Passagiere. Der Steward Florian Meier serviert kalte Getränke und plaudert mit den wenigen Gästen. Neben dem Liegestuhl von Hanna Sievers beginnt ein Handy zu klingeln. „Meine Güte“, stöhnt Jörg Sievers. „Hast du das Handy jetzt sogar schon mit am Pool?“ Hanna ignoriert diese Bemerkung und holt ihr Telefon aus der Badetasche. „SMS von Karin“, stellt sie fest und drückt auf „Lesen“. „Von Karin!“, Jörg schüttelt den Kopf. „Karin und Oskar sind gerade mal zwei Stunden in Valletta unterwegs, und schon muss sie dir eine SMS schreiben? Ich werde euch Frauen nie verstehen!“

Er dreht sich auf den Rücken und blinzelt seine Frau an! „Was schreibt sie denn? – Nun sag doch was!“ Hanna Sievers scheint es die Sprache verschlagen zu haben. Sie starrt unentwegt ihr Handy an. „Hallo?“, Jörg Sievers fasst seine Frau am Arm: „Ist was passiert?“ Hanna hält ihrem Mann das Handy hin. „Lies selbst!“ *„Habe Thomas gesehen! Irrtum ausgeschlossen!“*, steht im Display des Handys. Jörg Sievers setzt sich auf. „Also, das ist doch der Gipfel! Ich werde Karin die Ohren lang ziehen. Weiß die überhaupt, was sie dir mit dem Quatsch antut?“ Florian Meier sieht zu ihnen hinüber. Er wundert sich über den Wortwechsel des Paares. So kennt er die beiden gar nicht. Hanna Sievers steht auf und verlässt das Deck. Ihr Mann rafft die Handtücher zusammen und geht hinterher.

„Ehe“, stellt Jasmin Schneider mit einem Blick auf die beiden fest. „Nur drei Buchstaben – aber nichts als Probleme!“

Am selben Tag warten Karin und Oskar Fehr abends in der Paradies-Bar der *Bavaria II* auf ihre Freunde Hanna und Jörg. Karin hat schlechte Laune. Sie hatte am Nachmittag wegen ihrer SMS an Hanna einen heftigen Streit mit Jörg Sievers. Auch Oskar ist nicht gut auf sie zu sprechen. Aber Karin lässt sich nicht davon abbringen: Sie hat Thomas Bongers gesehen! Er hat in Valletta in einer Pferdekutsche gesessen und ist an ihr vorbeigefahren. Sie weiß, dass es total verrückt klingt, denn Thomas Bongers, der erste Ehemann von Hanna, kam vor acht Jahren bei einem Autounfall ums Leben. Er ist in seinem Wagen verbrannt. Trotzdem ist sie ganz sicher, dass sie sich nicht getäuscht hat. Heute Nachmittag im Eiscafe an Deck der *Bavaria II* hat sie es Hanna und Jörg Sievers noch einmal ausführlich berichtet und darauf bestanden, dass sie sich ganz sicher ist. Jörg Sievers ist richtig böse geworden. Er hat behauptet, sie würde unverantwortlich gegenüber Hanna handeln und sie wolle sich nur wichtig machen. Karin aber hatte noch einen Trumpf im Ärmel. „Ich habe ihn fotografiert und werde den Film ins Bordlabor bringen. Wenn die Bilder morgen früh fertig sind, werdet ihr es schon sehen!“

Oskar ist die Sache peinlich. Er hat die Altstadt von Valletta besichtigt und nicht auf Leute in Pferdekutschen geachtet. Er kann also Karins Behauptung weder bestätigen noch widerlegen. Die beiden Ehepaare verabreden sich trotz der Unstimmigkeiten für den Abend in der Bar.

Karin und Oskar warten allerdings vergebens, denn Jörg und Hanna tauchen nicht auf. „Den beiden hast du wohl jetzt den Urlaub versaut!“, meint Oskar. „Jetzt reicht es mir aber“, ruft Karin und springt auf. „Ich gehe jetzt in die Bord-Sauna und entspanne mich erst einmal! Grüße Jörg und Hanna, falls sie noch kommen!“

Sie schnappt ihre Handtasche und verlässt den Raum. Jasmin Schneider, die gegenüber an der Bar sitzt, nimmt ihr Glas und setzt sich zu Oskar, um ihn ein bisschen aufzuheitern.

Stunden später, gegen 23.40 Uhr, wird der Bordarzt in die Sauna gerufen! Eine Passagierin wurde dort vom Bademeister bewusstlos aufgefunden. Jemand hatte von außen einen Besenstiel unter die Türklinke geklemmt, sodass sich die Saunatür nicht mehr von innen öffnen ließ. Da sich zu dieser späten Stunde niemand anderes in der Sauna aufhielt, war die Frau so lange in dem heißen Raum gefangen, bis jede Hilfe zu spät kam. Der Bordarzt kann nur noch den Tod der Frau feststellen. Es ist Karin Fehr. Wer hat Karin das angetan? Warum musste sie sterben? Passt auf, was in der Vorstellungsrunde erzählt wird.

Die einzelnen Rollen

Hanna Sievers, Freundin der Ermordeten (1)

Hanna Sievers' Vorstellungstext

Ich bin Hanna Sievers und seit vier Jahren mit meinem Mann Jörg verheiratet. Mein erster Mann, Thomas Bongers, kam vor acht Jahren bei einem Autounfall ums Leben. Er ist damals bis zur Unkenntlichkeit verbrannt, konnte aber über einen Zahnabdruck identifiziert werden. Heute hat mir nun Karin diese SMS geschrieben, dass sie Thomas gesehen hat, und ich habe mich sehr erschreckt. Später hat sie mir noch einmal gesagt, es sei ganz bestimmt Thomas gewesen, der da in Valletta in der Kutsche saß, daran gäbe es für sie keinen Zweifel. Ich weiß, dass sich Karin gerne mit erfundenen Geschichten interessant machte. Kann sein, dass Oskar sich nicht genug um sie gekümmert hat und sie so Aufmerksamkeit erregen wollte. Aber einen Toten auferstehen zu lassen, das hätte ich ihr eigentlich nicht zugetraut. Nun ist sie tot und das macht die ganze Sache noch rätselhafter. Ich bin gestern Abend noch mit Jörg in die Bar gegangen. Karin haben wir nicht mehr getroffen, sie ist wohl kurz vorher in die Sauna gegangen, wie Oskar gesagt hat. Oskar hat mit Jasmin Schneider an der Bar gesessen und sich sehr gut amüsiert. Er ist und bleibt ein Casanova und Karin war nicht ohne Grund eifersüchtig. Ich bin kurz danach zu Bett gegangen. Jörg wollte noch in den Spielsalon. Mehr kann ich im Moment nicht dazu sagen, aber ich bin sehr auf die Fotos gespannt, die Karin im Bordlabor entwickeln lassen wollte.

Was Hanna Sievers außerdem weiß

Von deinem übrigen Wissen kannst du nach eigenem Ermessen Gebrauch machen.

Die ganzen Jahre über hattest du immer das Gefühl, dass Thomas vielleicht doch noch lebt. Vielleicht weil du den Toten nicht noch einmal sehen konntest, um dich von ihm zu verabschieden. Jörg, dein jetziger Ehemann, ist Thomas' Freund und sein Zahnarzt gewesen, er kannte ihn also gut. Er hat heute noch einmal versichert, dass Thomas tot ist. Er selbst hat die Zahnabdrücke verglichen und Thomas identifiziert. Du hast damals sehr viel Geld aus einer Lebens- und aus einer Unfallversicherung bekommen. Das Geld ist fast völlig für die Begleichung von Thomas Schulden verwendet worden. Du hattest vor seinem Tod keine Ahnung davon, wie hoch eure Schulden waren, und du warst sehr erschrocken, als du es erfuhrst. Durch die Versicherungen waren die Schulden gedeckt und du hattest noch etwas Geld übrig. Nun bist du verunsichert und weißt nicht mehr, was du glauben oder denken sollst. Die Ehe von Oskar und Karin war, das glaubst du zumindest, nicht mehr besonders gut. Karin hat Oskar hier auf dem Schiff ständig gesucht. Er war häufig ohne seine Frau unterwegs und du hattest das Gefühl, dass Oskar vor ihr flüchtet. Du bist auf die Fotos gespannt. Sie werden hoffentlich etwas Licht in die Sache bringen.

Dr. Jörg Sievers, Zahnarzt, Gastgeber (2)

Dr. Jörg Sievers' Vorstellungstext

Ich heiße Dr. Jörg Sievers und bin Zahnarzt. Thomas Bongers war ein guter Freund von mir. Nach seinem Tod habe ich mich um seine Witwe gekümmert. Ich mochte sie schon vorher sehr gern. Schließlich haben wir vor einigen Jahren geheiratet.
Es besteht überhaupt kein Zweifel, dass Thomas tot ist! Ich habe mich ziemlich über Karin aufgeregt, dass sie uns so eine Geschichte auftischte. Das habe ich ihr auch deutlich gesagt. Sie erzählte gerne kleine Lügenmärchen, um im Mittelpunkt zu stehen, das ist bekannt. Dass sie so weit gehen würde, hätte ich aber nicht gedacht. Das hat Hanna doch sehr belastet. Gestern Abend war ich noch mit Hanna in der Bar. Karin war kurz zuvor in die Sauna gegangen, hatte Oskar erzählt. Hanna hatte Kopfweh und ist früh schlafen gegangen, ich bin noch in den Spielsalon. Oskar war mit Jasmin Schneider an der Bar. Eigentlich sollte ich das ja nicht sagen, aber Oskar scheint sehr an dieser Jasmin interessiert zu sein. Sie war immer in seiner Nähe und Oskar scheint das gefallen zu haben.

Was Dr. Jörg Sievers außerdem noch weiß

Von deinem übrigen Wissen kannst du nach eigenem Ermessen Gebrauch machen.
Ein Hinweis vorweg: Als Gastgeber kennst du die einzelnen Rollen und auch den Täter. Du darfst dich daher nicht allzu sehr in die Ermittlungen einbringen.
Dass Thomas Bongers lebt, ist für dich keine Neuigkeit. Thomas und du, ihr wart gute Freunde und habt eines Nachts im tiefsten Winter auf einer Parkbank einen erfrorenen Stadtstreicher gefunden. Thomas kam auf die Idee, mit diesem Toten all seine Probleme zu lösen. Er war so hoch verschuldet, dass er keinen Ausweg mehr gesehen hat und sogar an Selbstmord dachte. Er hat dich vor die Wahl gestellt. Entweder du hilfst

ihm oder er würde sich umbringen. Du hast dich entschlossen, ihm zu helfen. Ihr habt mit dem Toten von der Parkbank und Thomas' Wagen den Autounfall inszeniert. Als sein Zahnarzt hast du später problemlos die Identifizierung vornehmen können. Hanna bekam eine große Summe aus der Unfall- und aus der Lebensversicherung. Sie konnte damit die Schulden bezahlen und hatte noch eine kleine Summe übrig. Thomas hat von dem Geld keinen Pfennig gesehen. Das wollte er auch nicht. Er wollte nur ein neues Leben anfangen und sicherstellen, dass er Hanna keine Schulden hinterlässt. Ihr hattet vereinbart, dass Thomas das Land verlässt und nicht zurückkommt. Du hast seitdem nichts mehr von ihm gehört. Wer konnte ahnen, dass er jetzt auf Malta lebt. Du hast heute Nachmittag im Eiscafe eine günstige Gelegenheit ergriffen, Karins Fotoapparat mit auf die Toilette genommen und den Film durch einen Leerfilm ersetzt. Den Apparat konntest du später wieder unbemerkt zurücklegen. Den Film von Karin hast du über Bord ins Wasser geworfen. Du musst dir also keine Sorgen machen, dass gleich ein Foto von Thomas Bongers auf dem Tisch liegen wird. Wer Karin umgebracht hat, weiß du nicht. In der Ehe von Oskar und Karin steht es nicht zum Besten. Auf dem Schiff war Oskar ständig vor ihr auf der Flucht. Sie hat ihn andauernd gesucht und war dann außer sich vor Wut, wenn sie ihn nicht gleich fand. Du nimmst an, dass er hier an Bord längst wieder eine Freundin hatte, in deren Kabine er ab und zu verschwinden konnte. Karin hat übrigens vor einiger Zeit einen hohen Betrag von ihrer Mutter geerbt. Nun, wo Karin tot ist, wird Oskar der Nutznießer dieses Vermögens werden. Diesen Aspekt kannst du heute Abend ruhig einmal zur Sprache bringen.

Jasmin Schneider, Passagierin (3)

Jasmin Schneiders Vorstellungstext

Ich heiße Jasmin Schneider und bin leitende Angestellte in einer großen Lebensversicherung, die europaweit tätig ist. Mit den Ehepaaren Sievers und Fehr habe ich eigentlich nichts zu tun. Wir haben uns hier an Bord kennen gelernt und ab und zu ein Glas miteinander getrun-

ken, nicht mehr und nicht weniger. Karin Fehr hat mir gestern Nachmittag kurz erzählt, dass sie in Valletta einem Toten begegnet wäre und dass ihr niemand glauben wolle. Sie hätte ihn aber fotografiert und wollte mit dem Foto beweisen, dass sie sich nicht geirrt hätte. Nach Karins unnatürlichem Tod bin ich neugierig geworden und habe mal bei meiner Versicherung angerufen. Thomas Bongers war, wie es der Zufall will, bei meiner Gesellschaft versichert. Die Witwe hat nach seinem Tod 500 000 Euro bekommen. Niemand hat gezweifelt, dass der Unfalltote nicht Thomas Bongers sein könnte. Das war durch einen Zahnschema-Vergleich eindeutig festgestellt worden.
Gestern Abend habe ich Oskar und Karin Fehr an der Bar gesehen. Die beiden hatten wieder einmal Streit. Später habe ich mich zu Oskar an die Theke gesetzt und wir haben zwei oder drei Bierchen getrunken. Danach ist Oskar gegangen. Er wollte ins Bett. Ich bin in die Disco auf Deck vier gegangen und habe noch bis 3.00 Uhr morgens getanzt.

Was Jasmin Schneider außerdem weiß

Von deinem übrigen Wissen kannst du nach eigenem Ermessen Gebrauch machen.
Du, liebe Jasmin, hast seit zwei Jahren ein Verhältnis mit Oskar. Er verspricht dir jetzt schon sehr lange, dass er sich scheiden lässt, aber bisher hat er nicht Wort gehalten. Die Reise hat Oskar für dich bezahlt und ihr habt euch auch einige Male zu einem Schäferstündchen in deiner Kabine getroffen. Seine Frau hat ihn natürlich jedes Mal gesucht, wenn er bei dir war. Du fragst dich, wie glaubwürdig Karin war. Sie schwindelte gerne und oft, das weißt du von Oskars Erzählungen. Wenn es stimmt, dass sie diesen Thomas Bongers wirklich gesehen hat, geht es um einen Versicherungsbetrug. Wenn Hanna und Jörg davon wissen, wollten sie Karin vielleicht zum Schweigen bringen! Du hast gestern Jörg Sievers mit dem Fotoapparat von Karin gesehen. Sie hatte einen sehr auffälligen Apparat mit einem rosa Gehäuse. Jörg ist mit diesem Apparat in der Hand von der Herrentoilette gekommen und in Richtung Eiscafe gegangen. Das könnte eine sehr wichtige Information sein.

Oskar Fehr, Ehemann der Ermordeten (4)

Oskar Fehrs Vorstellungstext

Ich bin Oskar Fehr und der Ehemann der Toten. Natürlich bin ich noch ziemlich mitgenommen, aber ich will auch helfen, den Täter zu finden. Das Ganze muss mit Thomas Bongers zusammenhängen. Jetzt, wo Karin ermordet wurde, glaube ich auch, dass er noch lebt. Gewiss ist er an Bord gekommen und hat Karin beseitigt. Thomas ist damals bis zur Unkenntlichkeit verbrannt. Wer weiß, wer da jetzt in seinem Sarg liegt. Hanna hat viel Geld aus einer Lebensversicherung bekommen. Das Ganze riecht doch förmlich nach Betrug. Ich weiß natürlich, dass Karin oft geflunkert hat, um sich interessant zu machen, und habe ihr die Sache mit Thomas auch zuerst nicht geglaubt, aber jetzt sehe ich das alles in einem anderen Licht. Ich hoffe, dass die Fotos Gewissheit geben. Wir haben gestern, nach dem Besuch im Eiscafe, gemeinsam den Film ins Bordlabor gebracht. Es wird sich ja zeigen, ob auf dem Bild Thomas Bongers ist oder nicht. Ich frage mich, warum Jörg und Hanna nicht mit nach Valletta wollten. Die zwei haben doch sonst jeden Landausflug mitgemacht. Sollten sie gewusst haben, dass sie dort auf Thomas treffen könnten und wollten dem aus dem Weg gehen?

Was Oskar Fehr außerdem weiß

Von deinem übrigen Wissen kannst du nach eigenem Ermessen Gebrauch machen.

Lieber Oskar, wir sagen es dir lieber gleich: Du hast deine Frau umgebracht. Du wolltest dich eigentlich scheiden lassen, aber dabei hättest du zu viel Geld verloren. Karin hat kürzlich ihre Mutter beerbt. Da ihr Gütertrennung vereinbart habt, hättest du von diesem Erbe keinen Pfennig gesehen. Du hast dir den Mord an Karin für diese Reise fest vorgenommen und nur auf eine gute Gelegenheit gewartet. Die Sache mit Thomas Bongers kam dir wie gerufen, denn nun geraten Jörg und Hanna und das Phantom Thomas Bongers in Verdacht. Du bist Karin in die Sauna nachgeschlichen und hast den Besen unter die Tür geklemmt. Es war erschreckend einfach, denn um diese Uhrzeit ist in der Sauna überhaupt kein Betrieb mehr. Danach hast du dich in deiner Kabine ins Bett gelegt und abgewartet, bis du vom tragischen Tod deiner Frau informiert wurdest. Und noch etwas: Du hast seit zwei Jahren ein Verhältnis mit Jasmin Schneider. Diese Reise macht Jasmin auf deine Rechnung. Hier an Bord habt ihr beide euch regelmäßig in ihrer Kabine getroffen. Karin hat dann stets das halbe Schiff nach dir abgesucht. Jasmin drängt massiv auf Scheidung und du hast ihr bereits mehrfach versprochen, dass du deine Frau verlässt. Natürlich ahnt sie nicht, dass du dich nicht scheiden lassen wolltest, sondern eine endgültige Lösung plantest. Vielleicht hast du Glück, und du kommst davon. Es liegt für die Ermittler doch recht nahe, dass Karins Tod mit Thomas Bongers zu tun hat.

Florian Meier, Steward, Ermittler in diesem Spiel (5)

Der Gastgeber hat dich als Ermittler ausgesucht, weil er der Meinung ist, dass du gut kombinieren, unangenehme Fragen stellen und den Dingen auf den Grund gehen kannst. Wenn vorhanden, nutze die Tafel oder das große Papier. Hier kannst du zusammentragen, was in der Vorstellungsrunde oder auch später noch von den Mitspielern gesagt wird.

Florian Meiers Vorstellungstext

Ich bin Florian Meier und als Steward auf der Bavaria II angestellt. Ich will versuchen, etwas Licht in die Angelegenheit zu bringen. Zunächst vorweg: Ich war eben im Bordlabor, um den Film von Karin Fehr abzuholen. Der Film, den Karin Fehr im Labor abgegeben hat, war leer. Es war nicht ein einziges Bild darauf. Es stellt sich die Frage, ob Karin Fehr das wusste und einen groben Scherz gemacht hat oder ob der Film eventuell von jemand anderem ausgetauscht wurde. Ich habe in den letzten Tagen beobachtet, dass sich das Ehepaar Fehr häufig gestritten hat. Karin Fehr hat mehr als einmal das gesamte Schiff nach ihrem Mann abgesucht. Anscheinend hat Herr Fehr auf dieser Reise ab und zu eine Auszeit genommen. Frau Fehr erschien mir sehr eifersüchtig und anstrengend zu sein. Die Sievers sind unauffällige und angenehme Gäste. Den Landausflug nach Valletta haben sie nicht gebucht, obwohl sie bisher an allen Landausflügen teilgenommen haben. Was sonst noch an Fakten bekannt ist: Die Disco, der Spielsalon und die Sauna liegen alle auf Deck vier. Jörg Sievers und Jasmin Schneider waren also zur Tatzeit auf dem Deck, auf dem die Tat geschah. Andererseits kann natürlich auch jeder andere die Sauna unbemerkt betreten haben.

Was Florian Meier außerdem weiß

Der Fall ist kompliziert. Mehrere Personen konnten die Saunatür blockieren. Wer hat ein Motiv? Der Ehemann beerbt seine Frau. War sie vermögend? Die Frage solltest du ihm stellen. In welchem Verhältnis steht Jasmin Schneider zu Oskar Fehr und seiner Frau? Kannten sie sich vorher oder haben sie sich erst an Bord kennen gelernt? Du hast Oskar und Jasmin häufig miteinander gesehen. Zu dem Film: Es macht dich stutzig, dass der Film leer war. Es kann natürlich sein, dass Karin einen leeren Film abgegeben hat und dass sie die Geschichte mit dem toten Thomas Bongers erfunden hat. Wenn nicht, hat vielleicht jemand den Film ausgetauscht, um das Beweisfoto zu vernichten. Wer hätte Gelegenheit und Grund dazu gehabt? Wenn Thomas Bongers noch lebt, könnten Jörg Sievers oder seine Frau Hanna ein Motiv für die Tat haben. Sie haben vielleicht einen Versicherungsbetrug begangen. Versuche in diese Richtung zu ermitteln. Jörg Sievers ist Zahnarzt. Hat er nach dem Unfall den Zahnabdruck verglichen und die Identität von Thomas Bongers bestätigt? Kannte Jörg Sievers das Ehepaar Bongers vor dem Tod von Thomas gut? Die Möglichkeit, dass ein Fremder an Bord kommt und einen Mord begeht, kann ausgeschlossen werden. Es gibt zu viele Sicherheitskontrollen. Der Mörder muss unter den Anwesenden sein. Wenn die Ermittlungen abgeschlossen sind, trage noch einmal laut vor, was ihr ermittelt habt. Zum Schluss der Ermittlungen schreibt jeder Mitspieler auf, wen er für den Täter hält, und vor allem, warum.

Gastrolle(n), Passagier

Vorstellungstext des Gastes

Ich habe ebenfalls die Fahrt auf der Bavaria II mitgemacht und bin hier, um bei den Ermittlungen zu helfen. Ich werde auch Fragen stellen und versuchen, den oder die Täter zu überführen.

Im Wald, da sind die Räuber

Ein Mitspielkrimi für 6–8 Personen

Mitspieler

Irmtrud Schmitz, Witwe des Opfers, Gastgeberin
Egon Peters, Nachbar
Elfie Peters, seine Frau
Kalle Blohm, Gastwirt
Nora Kamphus, Kellnerin in Kalle Blohms Lokal
Petra Müller, Kriminalkommissarin, Ermittlerin im Spiel
Gastrollen, Trauergäste

Hinweise und Tipps zum Ablauf

Wie Sie einen Mitspielkrimi planen und durchführen, haben Sie schon im Einleitungskapitel gelesen. Hier zur Erinnerung am Rand noch einmal das Symbol mit der Web-Adresse, bei der Sie Einladungen und Rollentexte herunterladen können.

www.mitspielkrimi.de

Besonderheiten in diesem Mitspielkrimi:
Bitte achten Sie darauf, dass die Vorstellungsrunde in der angegebenen Reihenfolge durchgeführt wird. Die Rollen sind entsprechend nummeriert, d.h. Irmtrud Schmitz (1), Egon Peters (2) usw.

Vor dem Lesen der Geschichte werden die Schilder mit den Rollennamen an die Mitspieler verteilt, damit jeder weiß, welche Rolle er spielt, und bei den für ihn wichtigen Passagen besonders aufmerksam ist.
Erst nachdem die Geschichte des Verbrechens vorgelesen wurde, erhalten die Mitspieler ihre Rollentexte. Jeder Mitspieler sollte während des Vorlesens und auch bei den Aussagen der einzelnen Gäste gut zuhören und sich eventuell Notizen machen.

Die Einladung

Hallo ……………………,
hast du schon von dem Unfall des Jagdaufsehers Willi Schmitz gehört? Es stand ganz groß in den „Gebersbacher Nachrichten"! Zuerst ist der arme Kerl tödlich verunglückt und dann hat man noch in sein Haus eingebrochen und alles durchwühlt. Also ehrlich gesagt, ich glaube nicht an einen Unfall! Es gibt doch zu viele Ungereimtheiten. Hast du Lust, diesen Fall mit zu lösen? Es gibt einige Verdächtige, denen wir gründlich auf den Zahn fühlen wollen! Wir inszenieren einen Krimiabend und ich möchte dich herzlich einladen, dabei zu sein. Ich freue mich auf einen außergewöhnlichen und unterhaltsamen Abend und ich hoffe, du sagst zu und hilfst uns, den rätselhaften Tod von Willi Schmitz mit aufzuklären. Die Ermittlungen nehmen wir am ……… um ……… Uhr bei …………………………… auf.
Es grüßt dich herzlich

Das ist passiert

Zeitungsmeldung im Lokalteil der *Gebersbacher Nachrichten* vom 17. Oktober: „Wie erst gestern bekannt wurde, ereignete sich am Wochenende im Gebersbacher Wald ein tödlicher Unfall. Der Jagdaufseher Willi Schmitz stürzte aus bislang ungeklärter Ursache von seinem Hochsitz. Er wurde erst in der Nacht aufgefunden, nachdem seine Frau ihn als vermisst gemeldet hatte. Willi Schmitz war seit 20 Jahren in Gebersbach als Jagdaufseher tätig. Der Unfallhergang ist noch unklar. Die Kriminalpolizei ermittelt."
Zeitungsmeldung im Lokalteil der *Gebersbacher Nachrichten* vom 20. Oktober: „In der Nacht zu gestern wurde in das Haus des tödlich verunglückten Jagdaufsehers Willi Schmitz eingebrochen. Die Ehefrau des Verunglückten befand sich zu diesem Zeitpunkt bei ihrer Schwester und stellte den Einbruch erst

bei ihrer Rückkehr am Morgen fest. Die Kriminalpolizei hat Ermittlungen aufgenommen. Auch die Untersuchungen über den Unfall, bei dem Willi Schmitz zu Tode kam, sind noch nicht abgeschlossen. Der Verstorbene soll am kommenden Donnerstag beigesetzt werden."

Die Beerdigungsgesellschaft ist nach der Beisetzung von Willi Schmitz zum Leichenschmaus in Kalle Blohms Wirtschaft eingekehrt. Dies war das Stammlokal von Willi Schmitz und die Witwe fand es daher angebracht, hier ein letztes Mal das Glas auf Willi zu erheben. Willi Schmitz war sehr beliebt. Zahlreiche Nachbarn und Bürger aus dem kleinen Gebersbach haben ihn auf seinem letzten Weg begleitet. Für die Gebersbacher Klatschmäuler ist das Ereignis ein gefundenes Fressen. Man munkelt, dass Willi nicht ganz nüchtern war, als er vom Hochsitz stürzte. Dazu noch der Einbruch! Der armen Witwe bleibt aber auch nichts erspart.

Auch die Kommissarin Petra Müller hat sich unter die Trauergäste gemischt. Für sie und ihre Kollegen ist der Fall noch längst nicht abgeschlossen. Es gibt zu viele Ungereimtheiten und an einen Unglücksfall glaubt sie nicht mehr, seit die Spurensicherung frische Sägespuren am Geländer des Hochsitzes fand. Durch dieses Geländer ist Willi Schmitz vier Meter tief gestürzt und hat sich so schwer verletzt, dass er unmittelbar nach dem Sturz gestorben sein muss. Der Einbruch, da ist sich die Kommissarin sicher, hat mit dem Tod von Willi Schmitz zu tun. Was können der oder die Einbrecher gesucht haben? Laut Frau Schmitz fehlt nichts. Es wurde lediglich alles durchwühlt und sie hatte viel Arbeit, alles wieder herzurichten.

Während sich die Trauergesellschaft die Gulaschsuppe schmecken lässt, setzt sich Egon Peters, ein Nachbar von Willi und Irmtrud Schmitz, zu der Kommissarin an die Theke. Er erzählt ihr, dass Willi Schmitz vor acht Tagen hier in der Kneipe eine große Runde ausgegeben habe. Sekt habe es gegeben und zwar für alle. Da Willi sonst so geizig war, habe er sich sehr darüber gewundert. In der Nacht sei Willi dann total betrunken nach

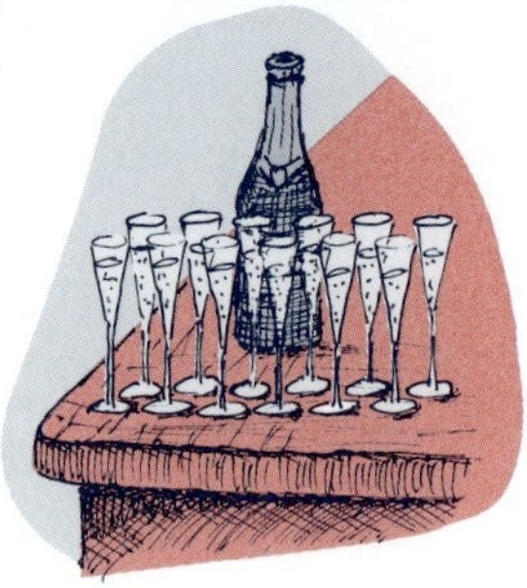

Hause gekommen. Es sei schon vier Uhr früh gewesen und Willi habe so einen Lärm gemacht, als er heimkam, dass er, der gegenüber wohne, davon wach geworden sei. Die Kommissarin befragt daraufhin Kalle Blohm, den Wirt. Zögernd bestätigt er die Aussage von Egon Peters. So richtig möchte er nichts dazu sagen. Vor allem aber bestreitet er, den Grund für Willis Großzügigkeit erfahren zu haben. Die Kommissarin fragt, wer an diesem Abend denn dabei gewesen sei. Wieder ist Kalle Blohm nicht sehr auskunftsfreudig. Ganz anders Egon Peters. Er zählt auf, dass er selbst, seine Frau Elfie, Kalle Blohm, die Bedienung Nora Kamphus und ein fremder Mann in Begleitung von Willi Schmitz, dabei waren. Niemand scheint diesen fremden Mann gekannt zu haben. „Den haben wir hier noch nie gesehen, er fuhr aber einen richtig dicken Schlitten“, erklärt Elfie Peters. „Einen Mercedes mit Hamburger Kennzeichen!“

Die Kommissarin beschließt, alle Beteiligten in einem Nebenzimmer gemeinsam zu verhören. Vielleicht erfährt sie ja noch etwas Neues. Der Witwe ist es zwar überhaupt nicht recht, aber schließlich gibt sie nach. Die Kommissarin Petra Müller, die Witwe Irmtrud Schmitz, Kalle Blohm, die Bedienung Nora Kamphus sowie Egon und Elfie Peters setzen sich nach dem Leichenschmaus ins Hinterzimmer. Frau Schmitz bestreitet, etwas von dem Hamburger zu wissen, der ihren Mann an besagtem Abend in die Kneipe von Kalle begleitet hat. Auch sie kann sich nicht erklären, warum ihr Mann Sekt ausgegeben hat. Geburtstag hatte er jedenfalls nicht. Sie hatte an diesem Abend Besuch von ihrer Schwester und kann sich das Ganze überhaupt nicht erklären! Nora Kamphus weiß ebenfalls nichts Wesentliches beizutragen, erklärt aber, dass sie seit Wochen mit anonymen Anrufen und Briefen belästigt wird. Der Inhalt sei immer gleich. Sie solle Gebersbach verlassen, sonst geschehe ihr ein Unglück. Kalle Blohm bleibt bei seiner Aussage, nichts über den Grund von Willis Großzügigkeit zu wissen. Elfie und Egon Peters können darüber auch nur spekulieren. „Vielleicht hat er was geerbt oder gewonnen!“, stellt Egon Peters fest. „Er sprach davon, dass er bald verreisen würde!" Auch hiervon hat die Witwe nicht die geringste Ahnung. „Fragen Sie doch mal die Nora", meint Elfie Peters boshaft. „Die konnte es doch besonders gut mit dem Willi!" „Halt den Mund Elfie", sagt Egon Peters streng. Die Witwe Schmitz rutscht nervös auf ihrem Stuhl hin und her und Nora Kamphus wird rot und verlegen. Die Kommissarin wird hellhörig. War das eine Anspielung auf ein Verhältnis von Nora Kamphus und Willi Schmitz? Da ist doch einiges im Busch, hier im idyllischen Gebersbach. Versucht gemeinsam mit der Kommissarin herauszufinden, warum Willi Schmitz sterben musste und warum man in sein Haus eingebrochen hat.

Die einzelnen Rollen

Irmtrud Schmitz, Witwe des Opfers, Gastgeberin (1)

Irmtrud Schmitz' Vorstellungstext

Ich bin Irmtrud Schmitz, die Witwe von Willi. Eins möchte ich erstmal klarstellen: Meine Ehe war glücklich. Mein Mann hatte diesen schrecklichen Unfall und dann haben Einbrecher das Haus auf den Kopf gestellt. Diese Einbrecher haben sicher in der Zeitung gelesen, dass Willi tot ist, und die Gelegenheit ausgenutzt. Ich bin froh, dass ich in dieser Nacht nicht zu Hause war. Es ist nichts gestohlen, aber alles durchwühlt worden. Warum Willi in der Kneipe Sekt ausgegeben hat, weiß ich nicht. Ich hatte an dem Abend meine Schwester zu Besuch. Willi kam nachts spät nach Hause, ich war schon im Bett. Ich weiß auch nicht, was das alles mit Willis Tod und dem Einbruch zu tun haben soll. Mehr kann und will ich nicht dazu sagen!

Was Irmtrud Schmitz außerdem noch weiß

Von dem, was du außerdem weißt, kannst du nach eigenem Ermessen Gebrauch machen.
Kennst du diesen Witz, liebe Irmtrud? Ein Mann kommt nach Hause und ruft: „Liebling, pack die Koffer, wir haben im Lotto gewonnen!" Sie ruft freudestrahlend: „Au fein, wir verreisen?" Da sagt er: „Nein, du ziehst aus!" Genauso ist es dir ergangen.

Vor zwei Wochen hat dir dein Mann eröffnet, dass er drei Millionen Euro im Lotto gewonnen hat und dass er nicht im Traum daran denkt, das Geld mit dir zu teilen. Er wollte dich verlassen und mit dieser Nora Kamphus eine Weltreise machen. „Keinen Cent bekommst du“, hat Willi gesagt und den Lottoschein durch die Luft geschwenkt. Natürlich konntest du dir das nicht gefallen lassen! Du hast tagelang darüber nachgedacht, was zu tun ist. Du hast dich auch mit Elfie Peters beraten, deiner besten Freundin. Sie weiß von dem Lottogewinn und sie weiß auch, dass Willi dich verlassen wollte. Sie hat dir geraten, einen Rechtsanwalt zu nehmen, aber du konntest dich nicht dazu durchringen.
Ein paar Tage später bist du zum Hochsitz geradelt und hast die Bretter angesägt. Du warst früher schon oft mit Willi da oben und du wusstest genau, an welcher Stelle er sich immer anlehnt. Nach Willis Tod hast du den Lottoschein gesucht und auch gefunden. Willi hatte ihn im Sessel im Wohnzimmer versteckt. Es war ganz einfach. Als die Einbrecher kamen, war er längst in sicherer Verwahrung! Wenn die ganze Sache hier überstanden ist, wirst du den Schein selbst nach Hamburg bringen und ein ganz neues Leben anfangen. Du hast dir in Hamburg schon eine Eigentumswohnung angesehen. Die wirst du wahrscheinlich kaufen. Mit dem Lottogewinn ist das alles kein Problem mehr. Du fragst dich, wer in dein Haus eingebrochen ist! Ob Elfi etwas damit zu tun hat? Immerhin war sie über den Gewinn informiert und du hattest Elfi erzählt, dass du in dieser Nacht bei deiner Schwester schläfst. Vielleicht wollte sie den Schein an sich bringen?

Egon Peters, Nachbar (2)

Egon Peters' Vorstellungstext

Ich bin Egon Peters, der Nachbar von Willi. Der Willi ist irgendwie zu Geld gekommen, soviel steht für mich fest. Zuerst gibt er diese Runde Sekt in Kalles Wirtschaft aus. Gerade der Willi, der sonst jeden Cent zweimal umdreht. Und dann hat er mir an dem Abend noch erzählt, dass er eine Weltreise machen wird. So eine Weltreise kostet doch eine

Menge Geld. Ich bin dann irgendwann mit meiner Frau Elfie nach Hause gegangen. Wir haben Willi angeboten, mit uns im Wagen nach Hause zu fahren. Aber das wollte er nicht, er ist noch bei Kalle in der Kneipe sitzen geblieben. Er kam dann gegen 4.00 Uhr nach Hause und hat ziemlichen Krach gemacht. Wo er die ganze Zeit gewesen ist, weiß ich nicht. Vielleicht hat er sich noch so lange mit Kalle unterhalten. In diesem Fall weiß Kalle vermutlich viel mehr, als wir alle zusammen. Kalle und seine Freundin, die Nora Kamphus, die müsste man fragen!

Was Egon Peters außerdem weiß

Von dem, was du außerdem weißt, kannst du nach eigenem Ermessen Gebrauch machen.
In der Nacht des Einbruchs hast du Kalle Blohm auf der Straße vor Willis Haus gesehen. Er gab sich viel Mühe, nicht gesehen zu werden, aber du bist ganz sicher, dass es Kalle war. Nun fragst du dich, was er um 3.00 Uhr früh da gemacht hat. Du hast es anonym der Polizei mitgeteilt.
Was den Mord an Willi angeht: Du verdächtigst Kalle Blohm. Er ist mit Nora liiert und Willi, da bist du sicher, hat sie ihm ausgespannt. Du hast Nora und Willi vor drei Wochen im Gebersbacher Wald gesehen. Die beiden hatten was miteinander, das steht für dich fest. Vielleicht hat Kalle davon erfahren und ist durchgedreht. Er hat dir mal erzählt, dass die Nora seine Traumfrau ist. Vermutlich hat er nach der Tat noch irgendwas in Willis Haus gesucht und ist deshalb dort eingebrochen. Wenn er von dem Verhältnis von Nora und Willi wusste, steckt er vielleicht auch hinter den anonymen Briefen und den Anrufen, die Nora seit einiger Zeit erhält.

Elfie Peters, Nachbarin (3)

Elfie Peters' Vorstellungstext

Ich bin Elfie Peters, die Ehefrau von Egon Peters und die Nachbarin von Willi und Irmtrud Schmitz.
Irmtrud ist meine beste Freundin und sie tut mir sehr Leid, denn sie muss zurzeit viel mitmachen. Leider wird sie wohl aus Gebersbach wegziehen. Wenn hier alles verkauft ist, will sie nach Hamburg gehen,

das hat sie mir erzählt. Sie hat sich in Hamburg schon eine Eigentumswohnung angesehen. Zu dem Abend in der Kneipe von Kalle kann ich nicht viel Neues sagen. Willi hat eine Runde nach der anderen ausgegeben, den Grund hat er aber nicht verraten. Irmtrud war an dem Abend nicht dabei. Sie hatte Besuch von ihrer Schwester. Eins scheint mir noch wichtig: An dem Tag, als Willi abends tot gefunden wurde, habe ich Nora Kamphus im Gebersbacher Wald gesehen. Sie lief schnell und hatte es wohl eilig. Das war in der Nähe der Stelle, wo Willi abgestürzt ist. Ich war in einiger Entfernung beim Pilze sammeln, aber ich habe Nora genau erkannt. Ich habe auch davon gehört, dass Willi und Nora sich sehr nahe standen. Willi war ein attraktiver Mann. Bei Kalle muss die Nora doch immer nur arbeiten. Vielleicht hatten die beiden ja wirklich ein Verhältnis, wer weiß?

Was Elfie Peters außerdem weiß

Von dem, was du außerdem weißt, kannst du nach eigenem Ermessen Gebrauch machen.

Was allerdings nicht jeder wissen sollte: Irmtrud hat dir erzählt, dass Willi im Lotto gewonnen hat und dass er ohne sie ein ganz neues Leben anfangen wollte. Von dem Geld wollte er ihr überhaupt nichts abgeben. Du hast Irmtrud geraten, sofort zum Rechtsanwalt zu gehen, aber Irmtrud meinte, sie regelt das auf ihre Weise. Was sie damit wohl gemeint hat? Du musstest ihr hoch und heilig versprechen, die Sache mit dem Geld nicht dem Egon oder sonst irgendjemandem zu erzählen. Also hast du geschwiegen. Willi, das glaubst du ganz fest, hatte ein Verhältnis mit der Nora Kamphus. Was soll man dazu sagen, ein Skandal ist das. Dabei war die Nora mit dem Kalle Blohm liiert, der hat auch viel besser zu ihr gepasst. Egon meint, er habe in der Nacht des Einbruchs den Kalle Blohm auf der Straße vor dem Haus von Willi und Irmgard gesehen. Ob er eingebrochen ist? Und noch etwas: Du hast anonyme Briefe an Nora Kamphus geschrieben, und du hast sie auch einige Male nachts angerufen und in den Hörer gestöhnt, um sie aus Gebersbach zu vertreiben. Irgendetwas wolltest du einfach unternehmen, um Irmtrud zu helfen.

Kalle Blohm, Gastwirt (4)

Kalle Blohms Vorstellungstext

Ich bin Kalle Blohm und betreibe eine Gaststätte. Nora Kamphus bedient bei mir im Lokal und ist auch meine Freundin. Sie hat eine kleine Wohnung gleich um die Ecke.
Willi Schmitz war Stammkunde bei mir. Er kam regelmäßig auf ein Bier und auf eine Gulaschsuppe vorbei. An dem besagten Abend vor zwei Wochen hat Willi Sekt für alle ausgegeben. Den Grund dafür hat er aber nicht genannt. Er war in Begleitung eines mir unbekannten Mannes. Dieser Mann ist aber schon sehr schnell wieder gegangen. Er war höchstens 15 Minuten mit hier. Willi ist bis tief in der Nacht geblieben. Alle Gäste und Nora waren schon nach Hause, aber Willi hatte Sitzfleisch. Gesprochen hat er nicht viel, nur getrunken. Er wollte nicht nach Hause gehen. Die Ehe von Willi und Irmtrud stand wohl nicht mehr zum Besten. Willi war ja eigentlich immer allein unterwegs. Mehr kann ich wirklich nicht dazu sagen.

Was Kalle Blohm außerdem weiß

Von dem, was du außerdem weißt, kannst du nach eigenem Ermessen Gebrauch machen.
Leider konnte Egon mal wieder den Mund nicht halten und hat der Kommissarin brühwarm die Geschichte von der Lokalrunde aufgetischt! Willi Schmitz war tatsächlich hier bei dir in der Wirtschaft und hat Sekt ausgegeben. Eine Runde nach der anderen hat er spendiert. Später waren alle Gäste weg, nur Willi saß immer noch auf seinem Barhocker. Du hast dich dazu gesetzt und ihr habt euch unterhalten. Willi hat dir volltrunken erzählt, dass er im Lotto gewonnen und eine Weltreise gebucht hat. Den Lottoschein, auch das hat er dir in betrunkenem Zustand anvertraut, hat er zu Hause gut versteckt. Der feine Typ aus Hamburg war von der Lottozentrale. Er wollte den Schein abholen, aber Willi konnte ihn an diesem Abend nicht aus seinem Versteck holen. Irmtrud, seine Frau, hatte Besuch und der Besuch, so drückte sich Willi aus, der saß auf dem Schein. Wie er das wohl meinte? Ob er ihn im Sofa versteckt hatte? Es kann dir ja wohl niemand verdenken, dass du nach dem Tod von Willi mal nachgesehen hast, ob du den Schein finden

kannst. Du bist tatsächlich in das Haus von Willi und Irmtrud eingestiegen, aber es war schon alles komplett durchwühlt! Da war jemand schneller als du. Natürlich bist du sofort wieder abgehauen! Du hattest Angst, dass Egon oder Elfie dich von gegenüber gesehen haben könnten. Die beiden stehen ja ständig hinter den Gardinen und belauern die Nachbarschaft. Darum hast du, sozusagen vorbeugend, anonym bei der Polizei angerufen und behauptet, du hättest Egon Peters in der Einbruchnacht vor dem Hause von Familie Schmitz gesehen.
Du hast auch gehört, dass Nora und Willi Schmitz etwas miteinander haben sollen. Bei Nora bist du dir nicht sicher. Es kann sein, dass sie dich mit Willi betrogen hat. Sie hat sich an dem Abend, an dem Willi später tot aufgefunden wurde, krank gemeldet. Außerdem hat sie gekündigt und gesagt, sie ginge weg aus Gebersbach. Das war einige Tage vor Willis Tod. Wahrscheinlich ist eure Beziehung am Ende, aber ausgesprochen hat Nora es nicht. Du weißt nicht genau, woran du mit ihr bist.

Nora Kamphus, Kellnerin (5)

Nora Kamphus' Vorstellungstext

Ich bin Nora Kamphus, arbeite als Bedienung in der Wirtschaft von Kalle Blohm und bin auch privat mit ihm zusammen. In der Wirtschaft habe ich Willi Schmitz kennen gelernt. Er war ein wunderbarer, warmherziger Mann und hat mir richtig den Hof gemacht. So zuvorkommend hat mich lange kein Mann mehr behandelt. Bei Kalle steht immer die Wirtschaft und die Arbeit im Vordergrund.
Seit Wochen werde ich nachts telefonisch belästigt und bekomme auch per Post unverschämte Briefe mit Drohungen. Der Inhalt ist immer der Gleiche: Ich soll Gebersbach verlassen, sonst geschieht mir etwas! Bisher habe ich nicht feststellen können, von wem diese Briefe und Anrufe kommen. Es könnte Irmtrud Schmitz oder auch Kalle sein, denn ich glaube, dass die Anrufe und Briefe etwas damit zu tun haben, dass ich mich mit Willi Schmitz so gut verstanden habe.
Mehr kann ich nicht dazu sagen. Willi habe ich am Tag vor seinem Tod das letzte Mal lebend gesehen. Mit seinem Tod habe ich nichts zu tun. Außerdem habe ich gekündigt und will weg aus Gebersbach.

Was Nora Kamphus außerdem weiß

Natürlich weißt du noch mehr, liebe Nora, aber du musst ja nicht alles gleich erzählen. Willi Schmitz hat im Lotto gewonnen. Er hat dich eingeladen, mit ihm auf eine Weltreise zu gehen und du hast zugesagt. Ihr hattet noch kein richtiges Verhältnis, aber auf Dauer wäre es sicher so gekommen.
Der Mann aus Hamburg, mit dem Willi vor acht Tagen in Kalles Kneipe war, war von der Lottozentrale und wollte den Schein abholen. Willi hatte ihn aber im Wohnzimmer versteckt. Leider hatte Irmtrud, seine Frau, an diesem Abend Besuch und Willi konnte den Schein nicht holen und auch nicht übergeben. Willi wollte sich scheiden lassen und ein neues Leben beginnen. Er wollte mit dir aus Gebersbach wegziehen.
Du warst dabei, als Willi vom Hochsitz stürzte. Ihr habt euch häufig dort getroffen! Nie wirst du vergessen, wie er sich an das Geländer lehnte. Es brach durch und Willi stürzte ab. Du bist so schnell du konntest, hinuntergeklettert. Willi lag völlig verrenkt da. Er konnte nur noch ein paar Worte flüstern. „Der Schein, der Schein“, hast du verstanden. Und dann noch: „Sessel und Wohnzimmer.“ Dann ist er gestorben. Du bist wie eine Verrückte davongerannt und hast dich nicht getraut, die Polizei oder den Notarzt anzurufen. Willi war tot, was hätte es noch genützt. Dann hast du dich bei Kalle krank gemeldet.
Ein paar Tage später bist du nachts in das Haus von Willi und Irmtrud eingestiegen. Du wusstest, dass Irmtrud bei ihrer Schwester übernachtete. Den Lottoschein hast du nicht gefunden, obwohl du nach und nach das ganze Haus durchsucht hast. Entweder hatte Willi ihn so gut versteckt, dass du ihn übersehen hast oder Irmtrud hat ihn vor dir gefunden.

Petra Müller, Kommissarin, Ermittlerin in diesem Spiel (6)

Die Gastgeberin hat dich als Ermittlerin ausgesucht, weil sie weiß, dass du gut kombinieren, Fragen stellen und den Dingen auf den Grund gehen kannst. Wenn vorhanden, nutze die Tafel oder das große Papier. Trage zusammen, was in der Vorstellungsrunde und später von den Mitspielern gesagt wird.

Petra Müllers Vorstellungstext

Ich bin Kriminalhauptkommissarin bei der Mordkommission. Was haben wir an Fakten? Willi Schmitz ist von seinem Hochsitz gestürzt, die Bretter des Geländers waren offensichtlich frisch angesägt, das hat die Spurensicherung festgestellt. Zwei Tage später wurde in seinem Haus eingebrochen und alles durchwühlt, als hätte man nach etwas Bestimmtem gesucht.

Die Vermutung liegt nahe, dass zwischen dem Mord an Willi Schmitz und dem Einbruch in sein Haus ein Zusammenhang besteht. Außerdem bekommt die Bedienung Nora Kamphus seit einiger Zeit anonyme Drohbriefe und Anrufe. Aufgrund der bisherigen Aussagen war zu vermuten, dass Willi Schmitz Geld gewonnen hat und deshalb habe ich die Lottozentrale in Hamburg angerufen. Dort wurde mir bestätigt, dass es einen Hauptgewinn in Gebersbach gibt. Der Schein wurde aber noch nicht eingelöst. Wer diesen Schein besitzt, bekommt das Geld. Es hatte sich nach der Ziehung ein Herr Willi Schmitz als Gewinner gemeldet. Daraufhin ist ein Mitarbeiter der Lotteriegesellschaft nach Gebersbach gefahren. Dieser Mitarbeiter war sich nach seinem Besuch in Gebersbach nicht sicher, ob Willi Schmitz der rechtmäßige Gewinner war, denn er konnte den Schein nicht vorweisen. Auch die Art der Begegnung war verdächtig. Herr Schmitz hat den Mitarbeiter der Lotterie nicht zu Hause empfangen, wie man es hätte erwarten können, sondern man hat sich in einer Kneipe getroffen. Der Mitarbeiter ist nach kurzem Gespräch wieder abgefahren. Herr Schmitz wollte sich bei ihm in Hamburg melden, sobald er den Schein vorweisen kann.

Es steht also fest, dass es einen Lottogewinn in Gebersbach gab. Wer aber tatsächlich gewonnen hat und wem der Schein gehört, weiß ich noch nicht. Vor allem aber stellt sich die Frage, wer den Schein jetzt hat. Hat der Einbrecher ihn gesucht? Ich bitte die Anwesenden bei der Aufklärung all dieser Punkte um ihre Mithilfe.

Was Petra Müller außerdem weiß

In diesem Fall sind gleich zwei Verbrechen aufzuklären. Zum einen haben wir den Mord an Willi Schmitz, zum anderen den Einbruch in sein Haus. Es kann durchaus sein, dass wir es mit zwei verschiedenen Tätern zu tun haben.

Was du bereits ermittelt hast:
1.Willi Schmitz hatte eine Reise für zwei Personen gebucht. Es handelt sich um eine Kreuzfahrt. Die Reise kostet 8 000 Euro pro Person. Er hat den Namen der zweiten Person noch nicht im Reisebüro angegeben, wollte aber am kommenden Dienstag die restlichen Daten eintragen und die Reise bezahlen.
2. Bei der Polizei ging ein anonymer Hinweis ein. Der Anrufer will Kalle Blohm gesehen haben, wie er in der Nacht des Einbruchs um das Haus von Willi Schmitz schlich.
3. Ein weiterer anonymer Anrufer hat der Polizei mitgeteilt, Egon Peters wäre der Einbrecher im Hause Schmitz gewesen.
4. Die Überprüfung der Telefonnummer von Nora Kamphus ergab, dass sie in den letzten Monaten 25-mal nachts vom Anschluss der Familie Peters aus angerufen wurde. Konfrontiere Elfi und Egon Peters damit. Einer von den beiden hat Nora Kamphus bedroht.
5. Elfie Peters behauptet, sie habe am Mordtag Nora Kamphus im Wald gesehen. Sie soll sich in der Nähe des Hochsitzes befunden haben. Im Umkehrschluss heißt dies natürlich, dass auch Elfie Peters in der Nähe des Hochsitzes war.
6. Kalle Blohm und Nora Kamphus haben eine Beziehung. War Kalle Blohm eifersüchtig auf Willi Schmitz?
Das sind eine Reihe von Ansätzen, um den Anwesenden auf den Zahn zu fühlen. Wenn die Ermittlungen abgeschlossen sind, trage noch einmal laut vor, was ihr ermittelt habt. Zum Schluss schreibt jeder Mitspieler auf, wen er für den Täter hält, und vor allem, warum.

Gastrolle(n), Trauergast

Vorstellungstext des Gastes

Ich bin auch auf der Beerdigung von Willi Schmitz gewesen. Der arme Kerl. So was wünscht man ja niemanden. Vielleicht kann ich heute Abend zur Klärung des Falles beitragen!

Da du dich nicht auf eine eigene Rolle konzentrieren musst, kannst besonders gut hinhören und aufpassen!

Spieglein, Spieglein an der Wand

Ein Mitspielkrimi für 7–9 Personen

Mitspieler

Mme. Nathalie Leclaire, Inhaberin einer Modellagentur
Bodo Johann, Veranstalter, Gastgeber
Sabine Brand, Managerin von Claudia Klumke
Heidi Schaffer, Bewerberin beim Modellwettbewerb
Viola Stein, Schülerin, Bewerberin beim Modellwettbewerb
Claudia Klumke, Bewerberin beim Modellwettbewerb
Edgar Schnatz, Reporter, Ermittler in diesem Spiel
Gastrollen, weitere Nachwuchsmodelle

Hinweise und Tipps zum Ablauf

Wie Sie einen Mitspielkrimi planen und durchführen, haben Sie schon im Einleitungskapitel gelesen. Hier zur Erinnerung am Rand noch einmal das Symbol mit der Web-Adresse, bei der Sie Einladung und Rollentexte herunterladen können.

Besonderheiten in diesem Mitspielkrimi:
Die Darstellerin der Heidi Schaffer sollte eine Halskette tragen. Stellen Sie ihr eventuell eine zur Verfügung.
Bitte achten Sie darauf, dass die Vorstellungsrunde in der angegebenen Reihenfolge durchgeführt wird.

Vor dem Lesen der Geschichte werden die Schilder mit den Rollennamen an die Mitspieler verteilt, damit jeder weiß, welche Rolle er spielt, und bei den für ihn wichtigen Passagen besonders aufmerksam ist.
Erst nachdem die Geschichte des Verbrechens vorgelesen wurde, erhalten die Mitspieler ihre Rollentexte. Jeder Mitspieler sollte während des Vorlesens und bei den Aussagen der Gäste gut zuhören und sich eventuell Notizen machen.

Die Einladung

Hallo ....,
in Bad Kleinbach findet die Wahl der Miss Wonderful statt. Zehn junge Frauen aus ganz Deutschland, eine hübscher als die andere, bewerben sich um diesen Titel. Am Vorabend der Entscheidung gibt es ein Gala-Dinner für alle Teilnehmerinnen und in der darauf folgenden Nacht geschieht ein Verbrechen. Hast du Lust, diesen Fall mit uns zu lösen? Wir gehen auf Mörderjagd und wären froh, wenn du uns tatkräftig unterstützt. Gemeinsam werden wir dem Täter sicher auf die Spur kommen! Wir nehmen die Ermittlungen am .... um .... Uhr bei .... auf.
Es grüßt dich herzlich

Das ist passiert

Im Hotel Sonnenhof in Bad Kleinbach soll an diesem Wochenende zum zehnten Mal die Wahl der Miss Wonderful stattfinden. Dieser viel beachtete Wettbewerb hat sich in den letzten Jahren als Sprungbrett für eine erfolgreiche Karriere als Fotomodell erwiesen. Wer hier gewinnt, bekommt einen Vertrag von der renommierten Agentur „Pretty“ aus Paris, einen Scheck über 20 000 US-Dollar und ein schickes Cabriolet. Nach entsprechenden Vorwahlen in ganz Deutschland wurden zehn junge Damen für die Endrunde in Bad Kleinbach eingeladen. Nach den üblichen Auftritten im Abendkleid und im Bikini am Samstagnachmittag scheint klar zu sein, dass es drei heiße Favoritinnen für den Titel der Miss Wonderful gibt. Es handelt sich um Claudia Klumke, ein 22-jähriges Anfängermodell aus Blondheim, die 24-jährige Heidi Schaffer aus Berlin und die 18-jährige Viola Stein aus Hamburg. Die Entscheidung, welche der drei jungen Frauen sich künftig Miss Wonderful nennen darf, wird am Sonntagnachmittag nach einer letzten

Präsentation fallen. Am Samstagabend hat der Veranstalter und Juror Bodo Johann zu einem Gala-Diner in das Restaurant im Hotel Sonnenhof geladen. Neben sämtlichen Aspirantinnen auf den Titel nehmen auch Mme. Nathalie Leclaire, Inhaberin der Pariser Modellagentur „Pretty“, Edgar Schnatz, Reporter des Klatschblattes „Die Welt der Frau“, Erika Stein, die ehrgeizige Mutter von Viola, sowie Sabine Brand, Freundin und Managerin von Claudia Klumke, an diesem Essen teil. Für den Reporter Edgar Schnatz ist dieses Abendessen eine großartige Informationsquelle. Er beobachtet alle Teilnehmer sehr genau und macht sich fleißig Notizen.

Erika Stein lässt keine Gelegenheit aus, ihre Tochter Viola bei Mme. Leclaire und Bodo Johann anzupreisen. Sabine, die Freundin von Claudia Klumke, hat ihr Baby, die vier Monate alte Maja in einer Tragetasche dabei. Das Kind ist unruhig und quengelt. Claudia Klumke nimmt die Kleine schließlich aus der Tasche und wiegt das Kind summend in den Schlaf. Mme. Leclaire fällt eine Kette am Hals von Heidi Schaffer auf. Diese erklärt ihr, dass die Kette der einzige Hinweis auf ihre Eltern ist. Sie wurde als Baby in einer Kirche in Belgien ausgesetzt. Die Kette trug sie damals um den Hals und sie bedeutet ihr sehr viel. Bodo Johann kümmert sich auffallend intensiv um die junge Viola Stein. Mme. Leclaire ist darüber mehr als verwundert. Gegen 22.00 Uhr löst sich die Gesellschaft auf.

Edgar Schnatz erhält um 23.30 Uhr auf seinem Zimmer einen Anruf von Erika Stein. Diese erklärt ihm, sie habe sensationelle Neuigkeiten und müsse ihn unbedingt sofort im Schwimmbad treffen. Edgar Schnatz aber ist zu diesem Zeitpunkt nicht alleine auf seinem Zimmer. Er hat einen Gast und vertröstet Erika Stein auf den frühen Morgen. Um 5.00 Uhr, so sagt er ihr zu, könne man sich gerne zum Frühschwimmen im Hallenbad des Hotels treffen. Als Edgar am nächsten Morgen erwacht, ist es bereits 6.30 Uhr. Er hat verschlafen, obwohl er sich den Wecker gestellt hatte. Sofort macht er sich auf den Weg ins Hallenbad. Was er dort sieht, lässt ihm das Blut in den Adern ge-

frieren. Erika Stein treibt auf dem Bauch liegend leblos auf dem Wasser. Sofort springt der Reporter ins Becken und zieht Erika an den Beckenrand. Entsetzt stellt er fest, dass sie tot ist. Der Autopsiebericht wird später bestätigen, dass sie ertrunken ist. An ihren Fußgelenken findet man Abschürfungen. Es sieht so aus, als habe der Mörder Erika an den Füßen gepackt und unter Wasser gezogen. Der Zeitpunkt der Tat wird mit etwa 5.00 Uhr angegeben.
Wer hatte einen Grund, ihr das anzutun? Und was wollte sie Edgar Schnatz in der Nacht erzählen? Helft mit, diesen Mord aufzuklären, und hört genau hin, was in der Vorstellungsrunde gesagt wird.

Die einzelnen Rollen

Mme. Nathalie Leclaire, Inhaberin einer Modellagentur (1)

Nathalie Leclaires Vorstellungstext

Ich bin Nathalie Leclaire, 41 Jahre alt und Inhaberin der Pariser Modellagentur „Pretty". Die Gewinnerin des Titels „Miss Wonderful" erhält von meiner Agentur einen Modellvertrag. Das ist seit Jahren so. Ich bringe die Mädchen groß raus, aber sie müssen auch sehr hart arbeiten. Dieser Job ist kein Zuckerschlecken. Die Bedingungen für den Wettbewerb zur Wahl der Miss Wonderful sind klar: Die Mädchen müssen mindestens 18 Jahre alt sein, ledig und kinderlos.
Frau Erika Stein war mir nicht sympathisch. Sie hat ihre Tochter angepriesen wie eine Ware. Das hat mir nicht gefallen. Viola ist ein hübsches Mädchen, aber für eine internationale Karriere ist sie meiner Meinung nach noch zu kindlich. Sie wirkt nicht wie 18, sondern wie 15. Vielleicht kommt ihre Zeit noch.
Heute Nacht habe ich nicht besonders gut geschlafen. Das Baby von Sabine Brand hat ab 1.30 Uhr geschrien wie am Spieß. Ich habe das Zimmer gleich neben ihr und das arme Kind gab einfach keine Ruhe. Nach einer halben Stunde war es dann endlich still. Ich finde, junge Mütter sollten zu Hause bleiben und ihre Kinder nicht solchen Strapazen aussetzen.

Was Nathalie Leclaire außerdem noch weiß

Von dem, was du darüber hinaus weißt, kannst du nach eigenem Ermessen Gebrauch machen.
Liebe Nathalie, als du 17 Jahre alt warst, hast du eine Tochter zur Welt gebracht. Du hattest sehr strenge Eltern und hast dich nicht getraut, es jemandem zu sagen. Also hast du das Kind nach der Geburt in einer Kirche ausgesetzt. Vorher hast du ihm eine Kette um den Hals gelegt. Heute nun hast du diese Kette wiedergesehen und du musst annehmen, dass Heidi Schaffer deine Tochter ist. Das war zunächst ein Schock. Erika Stein saß neben dir. Sie hat dir angesehen, dass etwas nicht stimmt, und neugierig wie sie nun einmal war, hat sie auch sofort nachgehakt. Du hast sie einfach ignoriert.
Außerdem ist dir noch aufgefallen, dass Bodo Johann, dieser alte Schwerenöter, die Augen nicht von Viola Stein lassen konnte. Sie ist noch sehr jung. Du vermutest, dass sie wahrscheinlich noch nicht einmal die für diese Misswahlen vorgeschriebenen 18 Jahre alt ist. Ihre Mutter hat sie zwar als Volljährige angemeldet, aber du traust dieser Frau auch zu, dass sie den Ausweis ihrer Tochter gefälscht hat. Du musst Bodo unbedingt darauf hinweisen, bevor er einen Fehler macht. Er ist ja bekannt dafür, dass seine Freundinnen selten über 18 Jahre alt sind. Sabine Brand ist mit ihrem Baby eine wirkliche Plage. Das Kind schreit ständig und du kannst nicht begreifen, warum sie Claudia Klumke mit dem Baby begleitet.

Bodo Johann, Veranstalter, Gastgeber (2)

Bodo Johanns Vorstellungstext

Ich bin Bodo Johann, der Veranstalter dieser Miss-Wahl. Ich bin seit Jahren in dieser Branche tätig und habe schon viele Modelle entdeckt, die später großen Erfolg gehabt haben. Die Zusammenarbeit mit Mme. Leclaire von der Pariser Agentur „Pretty" läuft sehr zu meiner Zufriedenheit. Über das, was hier gestern geschehen ist, bin ich entsetzt. Ich selbst kann dazu gar nicht viel sagen. Die Gesellschaft hat sich ja bereits gegen 22.00 Uhr aufgelöst.
Erika Stein hat mich mehrfach darauf hingewiesen, wie diszipliniert ihre Tochter Viola arbeite, wie zielstrebig und wie ehrgeizig sie sei. Es

fing an, mir wirklich auf die Nerven zu gehen. Ich bin Juror und darf mich nicht beeinflussen lassen und das werde ich auch nicht tun. Diese Sabine Brand, das muss ich einmal sagen, sollte sich mehr um ihr Baby kümmern. Es hat heute Nacht stundenlang geschrien und auch gestern Abend sie hat sich nicht besonders liebevoll mit dem kleine Mädchen beschäftigt.

Was Bodo Johann außerdem weiß

Von dem, was du außerdem weißt, kannst du nach eigenem Ermessen Gebrauch machen. Aber weil du als Gastgeber den Täter kennst, musst du dich bei den Ermittlungen zurückhalten. Deine Favoritin für den Titel der Miss Wonderful ist Claudia Klumke. Sie ist hübsch und hat Stil und den Sexappeal, den man in diesem Geschäft braucht. Heidi Schaffer hat nicht den richtigen Esprit und Viola Stein ist viel zu jung. Sie hat dir erzählt, dass sie erst 16 ist. Ihre Mutter hat ihren Ausweis gefälscht, damit sie hier teilnehmen kann. Ihr selbst ist es egal, ob sie gewinnt oder nicht. Du hast dich die letzten Tage so sehr um sie gekümmert, weil sie dir Leid tat. Mme. Leclaire hat das natürlich mal wieder völlig missverstanden. Sie denkt, du bist aus anderen Gründen an Viola interessiert, aber das stimmt nicht. Deine Freundinnen sind zwar oft recht jung, aber sie sind immer über 18, darauf legst du großen Wert.
Erika Stein hast du gestern Abend klipp und klar gesagt, dass ihre Tochter wegen dieses Betrugsversuchs keine Chance mehr hat. Erika Stein hat sich furchtbar aufgeregt und dich wüst beschimpft. Sie hat dir gedroht, dich wegen Verführung Minderjähriger anzuzeigen, dabei hast du Viola überhaupt nicht angerührt. Du bist sicher, dass die Tochter so ein Spiel nicht mitspielen würde, und hast Erika Stein einfach stehen lassen.

Sabine Brand, Managerin von Claudia Klumke (3)

Sabine Brands Vorstellungstext

Ich bin Sabine Brand, begleite Claudia Klumke und halte ihr den Rücken frei. Wir haben uns schon vor Jahren im Sportverein kennen gelernt und waren beide vielversprechende Triathlon-Talente. Später hat sich dann herausgestellt, dass Claudia als Modell Karriere machen

konnte. Ich habe den Sport auch an den Nagel gehängt, nur ab und zu trainieren wir beide noch, etwa um Kalorien abzubauen. Claudia ist schon jetzt ein viel gebuchtes Modell. Im letzten Jahr hat sie sich etwas zurückgezogen. Sie brauchte mal eine Pause, aber jetzt ist sie, schön wie eh und je, wieder da. Ich habe inzwischen eine Familie und weil ich meine Tochter nicht allein lassen will, nehme ich das Kind bei Außenterminen einfach mit. Ich bin der Meinung, dass man Beruf und Familie sehr gut unter einen Hut bringen kann. Die Kleine ist etwas erkältet, daher hat sie heute Nacht geweint. Es tut mir Leid, wenn dadurch jemand gestört wurde.
Gestern Abend haben sich Bodo Johann und Erika Stein in der Hotelhalle heftig gestritten. Worum es ging, weiß ich nicht. Ich will niemanden beschuldigen, aber was ich gesehen habe, habe ich gesehen.

Was Sabine Brand außerdem weiß

Von dem, was du darüber hinaus weißt, kannst du nach eigenem Ermessen Gebrauch machen.
Liebe Sabine, du spielst hier die Mutter der kleinen Maja, aber Maja ist nicht dein Kind. Sie ist Claudias Tochter. Da Claudia als Mutter an keinem Miss-Wettbewerb mehr teilnehmen darf, habt ihr beschlossen, sie als dein Kind auszugeben. Natürlich hast du wenig Interesse daran, dich ständig um dieses Baby zu kümmern. Daher wirkst du etwas lieblos. Heute Nacht hast du das Kind allein im Zimmer gelassen. Es schlief und du dachtest dir nichts dabei.
Du warst bei Edgar Schnatz, dem Reporter. Sein Telefongespräch mit Erika Stein hast du mitgehört. Bevor du später wieder in dein Zimmer gegangen bist, hast du heimlich den Wecker von Edgar ausgestellt. Du wolltest das Treffen mit Erika Stein verhindern, weil du dachtest, sie will dummen Tratsch verbreiten. Als du zurück in dein Zimmer kamst, war das Baby weg. Claudia hatte es zu sich geholt und dir eine Nachricht hinterlassen. Sie hat das Zimmer rechts und Mme. Leclaire das Zimmer links von deinem. Daher haben beide die kleine Maja weinen hören. Du bist dann zu Claudia ins Zimmer gegangen. Das Baby schlief inzwischen, aber Claudia war noch wach. Du

hast ihr von dem Telefonat, dem geplanten Treffen von Edgar und Frau Stein im Schwimmbad und von dem ausgestellten Wecker erzählt. Dann hast du die kleine Maja wieder mit zu dir genommen und bist schlafen gegangen.

Heidi Schaffer, Bewerberin beim Modellwettbewerb (4)

Heidi Schaffers Vorstellungstext

Ich heiße Heidi Schaffer und ich bin als Findelkind in einer belgischen Kirche ausgesetzt worden, das wissen ja inzwischen sowieso alle. Die Halskette, die ich trage, ist das einzige Verbindungsglied zu meinen Eltern, die ich nicht kenne.
Erika Stein war mir sehr unsympathisch. Sie hat mich gestern, nachdem Mme. Leclaire mich nach der hübschen Kette gefragt hat, geradezu verhört. Alles wollte sie ganz genau wissen. In welchem Jahr ich gefunden wurde, ob es eine Spur zu meinen Eltern gab, ob die Kette jemals in der Zeitung abgebildet wurde, um meine Eltern zu finden usw. Es ist mir sehr auf die Nerven gegangen. Schließlich bin ich aufgestanden und habe mich woanders hingesetzt. Viola sah man an, dass sie am liebsten im Erdboden versunken wäre, ihr war das Verhalten ihrer Mutter peinlich. Dann ist mir auch noch Edgar Schnatz, dieser Reporter, auf den Leib gerückt. Er hat angeboten, gemeinsam mit seiner Zeitung meine Eltern zu suchen. Ich habe ihm sehr deutlich gesagt, dass das nicht in Frage kommt. Ich bin jetzt 24 Jahre ohne meine Eltern ausgekommen und kann das auch künftig. Heute Nacht habe ich Sabine im Flur gesehen. Ich hatte mir noch eine Flasche Mineralwasser an der Bar geholt, es war gegen 3.30 Uhr, da kam Sabine mit dem Baby im Arm aus Claudias Zimmer.

Was Heidi Schaffer außerdem weiß

Von dem, was du darüber hinaus weißt, kannst du nach eigenem Ermessen Gebrauch machen.
Mme. Leclaire hat merkwürdig auf deine Geschichte reagiert, du hattest den Eindruck, sie kennt die Kette. Vielleicht kann sie dir etwas über deine Eltern sagen? Viola Stein, da bist du ganz sicher, ist nie und nimmer 18 Jahre alt. Du schätzt sie höchstens auf 15. Dann dürfte sie für den Wettbewerb gar nicht zugelassen werden, denn das Mindestalter ist 18.

Bodo Johann hat sich sehr für Viola Stein interessiert. Als Juror sollte er sich mehr zurückhalten. Man sagt, er hat eine Vorliebe für sehr junge Frauen. Du selbst kannst nichts dazu sagen, es sind Gerüchte.
Claudia Klumke und Sabine Brand waren das letzte halbe Jahr wie von der Bildfläche verschwunden. Bei den Veranstaltungen und Modeschauen, bei denen ihr euch sonst schon mal getroffen habt, sind sie nicht erschienen.
Von Frau Stein weißt du nur, dass sie große Pläne mit ihrer Tochter hatte. Außerdem ist dir zu Ohren gekommen, dass sie behauptet hat, du wärst verheiratet. Das stimmt natürlich nicht und du hast es daher auch nicht ernstgenommen.

Viola Stein, Schülerin (5)

Viola Steins Vorstellungstext

Ich bin Viola Stein. Meine Mutter war ganz versessen darauf, dass ich diesen Wettbewerb gewinne. Ich wäre lieber noch weiter zur Schule gegangen, aber sie hatte andere Pläne und hat dafür gesorgt, dass ich schon ein ein paar Fototermine hatte. Sie hat streng darauf geachtet, dass ich Diät halte, keinen Alkohol trinke, keine Jungs treffe, keine Partys besuche, früh ins Bett gehe und so weiter. Von Sport war sie richtig besessen. Hier im Hotel musste ich jeden Tag zwei Stunden schwimmen. Sie stand dann am Rand und passte auf, dass ich keine längeren Pausen machte. Sie war eine Spaßbremse und hat mir alles verboten, was andere in meinem Alter dürfen. Andauernd hat sie davon gesprochen, dass ich es einmal besser haben sollte als sie. Das war überhaupt nicht mein Leben, aber ich konnte mich einfach nicht wehren. Mein Vater ist ganz anders. Er ist Musiker und lebt in New York. Meine Mutter hat versucht zu verhindern, dass ich Kontakt zu ihm habe, aber ich habe regelmäßig mit ihm telefoniert. Jetzt werde ich zu ihm ziehen, ich will kein Kleiderständer mehr sein.
Meine Mutter wollte gestern Nacht noch diesen Edgar Schnatz, den Reporter, treffen. Angeblich hatte sie sensationelle Neuigkeiten. Ich habe ihr Telefongespräch mitgehört. Ich habe mich schlafend gestellt und sie hat es nicht gemerkt. Danach hat sie noch ein Gespräch geführt, das war aber so leise, dass ich nichts verstehen konnte.

Von dem, was du darüber hinaus weißt, kannst du nach eigenem Ermessen Gebrauch machen.

Was Viola Stein außerdem weiß

Liebe Viola, du bist noch gar nicht 18, wie es für diesen Wettbewerb vorgeschrieben ist, sondern du bist erst 16. Deine Mutter hat in ihrem Ehrgeiz deinen Ausweis gefälscht. Das hast du Bodo Johann anvertraut. Er ist sehr nett zu dir gewesen und hat dir versprochen, dich nicht zu verraten. Er wollte aber, dass du die Bewerbung für den Wettbewerb zurückziehst. Das wolltest du auch tun, aber deine Mutter war nicht einverstanden. Sie hat getobt und dich angebrüllt. Dann hat sie gesagt, sie würde schon noch etwas finden, um Bodo Johann zum Schweigen zu bringen. Es war dir sehr peinlich. Du hast gar keine Lust zu diesem Beruf und würdest lieber wieder zur Schule gehen. Sobald hier alles vorbei ist, wirst du nach New York zu deinem Vater ziehen und nie wieder einen Laufsteg betreten.

Claudia Klumke, Bewerberin beim Modellwettbewerb (6)

Claudia Klumkes Vorstellungstext

Ich bin Claudia Klumke und seit ein paar Jahren ein gut gebuchtes Modell. Dieser Wettbewerb hier könnte der große Durchbruch sein. Ich habe im vergangenen Jahr sehr viel gearbeitet, hatte ein Burn-out-Syndrom und musste ein halbes Jahr aussetzen. Wenn man einen Vertrag bei „Pretty“ in Paris hat, hat man es geschafft, und daher will ich unbedingt gewinnen. Zu Frau Stein kann ich nicht viel sagen: Sie war eine ehrgeizige Mutter und sie war neugierig. Gestern hat sie mir erzählt, dass sie glaube, dass Heidi Schaffer verheiratet ist. Dann könnte Heidi gar nicht an diesem Wettbewerb teilnehmen.

Sie wollte dafür sorgen, dass Heidi gesperrt wird. Die Regeln sind ja bekannt: Man darf nicht unter 18 sein und man muss ledig und kinderlos sein, um Miss Wonderful zu werden. Ich kann mir nicht vorstellen, dass Heidi verheiratet ist. Warum sollte Heidi heiraten und es später verschweigen? Das macht doch keinen Sinn. Gestern Nachmittag habe ich einen heftigen Streit zwischen Frau Stein und ihrer Tochter Viola beobachtet. Frau Stein war völlig außer sich und hat Viola angeschrien. „Das kommt nicht in Frage“, hat sie mehrfach gerufen und Viola hat geweint. Später am Abend hat Frau Stein dann noch einmal an meine Tür geklopft. Ich hatte meine Handtasche im Restaurant liegen lassen und sie war so freundlich, sie mir aufs Zimmer zu bringen. Das war so gegen 22.30 Uhr. Es war das letzte Mal, dass ich sie lebend gesehen habe.

Was Claudia Klumke außerdem noch weiß

Von dem, was du darüber hinaus weißt, kannst du nach eigenem Ermessen Gebrauch machen.

Du, liebe Claudia, bist heute Abend unsere Mörderin. Die kleine Maja ist nicht Sabines, sondern deine Tochter. Deshalb hast du auch ein halbes Jahr pausiert. Ihr habt beschlossen, dass du Karriere machst und Sabine Maja zunächst als ihre Tochter ausgibt.

Leider hast du gestern Abend nach dem Gala-Diner im Restaurant deine Handtasche liegen lassen. Du hast es erst gemerkt, als ausgerechnet Frau Stein dir die Tasche aufs Zimmer gebracht hat. Du hast dich artig bedankt und dich gewundert, warum sie so süffisant lächelte. Später wurde es dir klar: Sie hat in deiner Tasche spioniert und in deiner Brieftasche ein Foto gefunden. Es zeigt dich, direkt nach der Geburt von Maja, mit dem Baby im Arm. Damit, dass du Mutter bist, wollte sie dich erpressen. Sie hat dich in der Nacht noch angerufen und dir auf den Kopf zugesagt, was sie weiß. Sie hat verlangt, dass du am Morgen zugibst, dass du Mutter bist, und auf die weitere Teilnahme verzichtest. Das war glatte Erpressung. Du hattest die besten Chancen, Miss Wonderful zu werden und diesen Vertrag bei Pretty zu bekommen, und sie wollte dir alles kaputt machen.

Später in der Nacht hast du Maja weinen hören. Als es nicht aufhörte, bist du rüber in Sabines Zimmer. Sabine war nicht da. Du hast Maja mitgenommen und beruhigt. Als Sabine sie später holte, hat sie dir erzählt, dass Frau Stein sich mit Edgar um 5.00 Uhr im Schwimmbad treffen will. Sie hätte sensationelle Neuigkeiten. Du wusstest, was sie ihm erzählen wollte. Sabine hat dir aber auch lachend erzählt, dass sie Edgars Wecker ausgestellt habe. Sie hielt dies für einen besonders lustigen

Streich. Sabine hat das Baby wieder mitgenommen und du hast dich erst einmal hingelegt.
Um 5.00 Uhr bist du dann ins Schwimmbad gegangen. Frau Stein hat sich gewundert, dass du da warst und nicht Edgar. Du hast ihr vorgeschlagen, eine Runde zu schwimmen, und sie war sofort einverstanden. Da du früher, gemeinsam mit Sabine im Sportverein für den Triathlon trainiert hast, war es ein leichtes für dich, Frau Stein an den Füßen zu packen und mit ihr abzutauchen. Du hast sie unter Wasser gezogen, bis sie ertrunken war. Dann hast du dich abgetrocknet und bist durch das Treppenhaus wieder in dein Zimmer gekommen, ohne dass dich jemand gesehen hat. Vielleicht hast du Glück und niemand kommt dir auf die Schliche.

Edgar Schnatz, Reporter, Ermittler im Spiel (7)

Der Gastgeber hat dich als Ermittler ausgesucht, weil er der Meinung ist, dass du gut kombinieren, unangenehme Fragen stellen und den Dingen auf den Grund gehen kannst. Wenn vorhanden, nutze die Tafel oder das große Papier. Hier kannst du zusammentragen, was in der Vorstellungsrunde oder auch später noch von den Mitspielern gesagt wird.

Edgar Schnatz' Vorstellungstext

Ich bin Edgar Schnatz und Reporter für die Zeitschrift „Die Welt der Frau". Frau Stein hat mich gestern Abend angerufen und wollte sich mit mir treffen. Weil ich gerade beschäftigt war, habe ich mich für heute morgen 5.00 Uhr mit ihr verabredet. Leider habe ich aber verschlafen, mein Wecker hat versagt.
Diese ganze Veranstaltung steht unter keinem guten Stern. Ich werde trotzdem versuchen, etwas Licht in die Sache zu bringen, und hoffe, dass mir die Anwesenden helfen. Ich habe Frau Stein gestern Abend, gegen 22.15 Uhr, zum letzten Mal lebend gesehen. Claudia Klumke hatte ihre Handtasche im Restaurant vergessen und Frau Stein bot sich an, sie ihr aufs Zimmer zu bringen. Danach habe ich nur noch einmal mit ihr telefoniert. Als ich um ca. 6.40 Uhr ins Schwimmbad kam, war sie schon tot. Da war nichts mehr zu machen.

Zu den anderen Anwesenden kann ich wenig sagen. Als Reporter sind mir natürlich alle bekannt. Meine Favoritin für diese Wahl ist eindeutig Claudia Klumke. Claudia war früher aktive Sportlerin, sie hat einen tollen, durchtrainierten Körper und ist zudem ungewöhnlich hübsch. Viola Stein ist noch zu jung und unerfahren für einen so großen Titel und Heidi Schaffer sieht zwar auch ganz fantastisch aus, sie hat aber weniger Ausstrahlung.

Was Edgar Schnatz außerdem weiß

Von den folgenden Erkenntnissen kannst du nach eigenem Ermessen Gebrauch machen: Gestern Nacht warst du nicht allein. Sabine, die Managerin von Claudia, war bei dir. Du hast die halbe Nacht mit ihr verbracht. Irgendwann nach dem Anruf von Erika Stein bist du eingeschlafen. Sabine ist dann später gegangen, du hast aber nicht mehr mitbekommen, wann das war. Du bist sicher, dass du den Wecker gestellt hast, aber er hat entweder versagt oder Sabine hat ihn ausgestellt. Doch warum sollte sie das tun? Sabine ist nicht der typische Muttertyp. Du hast dich gewundert, dass sie ihr Baby im Hotelzimmer allein gelassen hat. Aber sie hat gesagt, Claudia hätte ein Ohr an der Wand und würde das Baby hören, wenn es schreit. Was wollte Frau Stein dir Sensationelles mitteilen?
Versuche herauszufinden, wer ein Motiv haben könnte, sie zu töten. Höre gleich bei der Vorstellungsrunde gut hin und schreibe alles auf, was dir wichtig erscheint. Hake nach, stelle Fragen und gehe jedem einzelnen Hinweis nach. Gemeinsam werdet ihr den Mörder sicher fassen. Wenn die Ermittlungen abgeschlossen sind, trage noch einmal laut vor, was ihr ermittelt habt. Ganz zum Schluss der Ermittlungen schreibt jeder Mitspieler auf, wen er für den Täter hält, und vor allem, warum.

Gastrolle(n), weitere Nachwuchsmodelle

Vorstellungstext des Gastes

Ich bin ebenfalls Modell und habe beim Wettbewerb um den Titel der Miss Wonderful mitgemacht. Nun möchte ich mithelfen, den Mörder der Erika Stein zu finden.